債券取引の知識 〈第3版〉

武内浩二[編著]

日本経済新聞出版社

まえがき

本書が対象としているのは，会社の経理部や財務部に配属になって初めて債券がらみの仕事をする方や金融機関の新入社員の皆さん，あるいは債券に興味のある学生さんなどです。債券の話というと，なかなか馴染みにくいでしょうから，難しいと思われる部分は例を使うなどして，なるべく分かりやすくなるよう工夫しています。また，本書を読めば債券取引を行うにあたってベースとなる知識が得られるよう，債券の基礎から債券相場の見方まで幅広い内容をカバーしています。

今回の改訂では，各データを最新のものに更新したほか，近年急速に市場が拡大したCDS取引や現在進行形の問題である欧州債務問題などの情報も加えましたので，債券に関する入門書としてご活用いただければ幸いです。

本書は，もともと1996年に刊行された債券に関する入門書です。その後，惜しくも著者の堀之内朗氏は2000年に他界されてしまいましたので，氏の遺志を受け継ぎ，旧日本興業銀行調査部市場調査班のメンバー5名で2003年に大幅な見直しを行い，改訂版を執筆いたしました。前回の改訂から8年以上が経過し，内容を新しくする必要が生まれました。今回は当時のメンバーを代表して筆者が改訂を担当いたしました。

執筆にあたっては，みずほ総合研究所の高田創氏をはじめ，同研究所調査本部の方々から貴重なアドバイスを頂戴しました。ここであらためてお礼を申し上げます。また，休日の執筆作業などでも，温かく見守ってくれた妻と二人の息子に感謝の気持ちを伝えたいと思います。

2012年1月

武内 浩二

[目 次]

[Ⅰ] 債券に関する基礎知識 ——————9

1 —— 債 券 と は —— 10
  (1) 債券はおカネの貸し手と借り手の橋渡し—10
  (2) 債券には何が含まれるのか—12
  (3) 誰が債券を発行しているのか—12
  (4) 債券の安全性はどう測るのか—13
  (5) 債券はどこで買えるのか—16
2 —— 金利について —— 16
  (1) 金利の考え方—16
  (2) いろいろな金利—17
  (3) 時間の概念—18
  (4) IRR(Internal Rate of Return)—20

[Ⅱ] 債券の種類と仕組み ——————27

1 債券の種類 —— 28
  (1) 債券の形態による分類—28
  (2) 発行体による分類—28
  (3) 償還までの期間による分類—30
2 固定利付債 —— 30
  (1) 固定利付債とは—30
  (2) 発行者コスト—32
  (3) 金利変動と固定利付債の関係—34
3 変動利付債 —— 35
  (1) 変動利付債とは—35
  (2) 発行者コスト—36
  (3) 変動利付債のポイント—37

4 割引債——37
  (1) 割引債とは—37
  (2) 発行者コスト—38
5 新株予約権付社債——39
  (1) 転換社債型新株予約権付社債とは—39
  (2) パリティ，プレミアム，転換—41
  (3) 発行者コスト—42
6 外国債券(外債)——43
  (1) 円建外債—43
  (2) 外貨建債—45
  (3) ユーロ円債—45
  (4) デュアルカレンシー債—46
7 その他債券——48
  (1) 資産担保証券—48
  (2) 仕組債—51

COFFEE BREAK サブプライムローン問題—50

[Ⅲ] 債券投資の基礎 ——————————55

1 債券取引の流れ——56
2 債券の売買と市場——56
  (1) 市場とは—56
  (2) 発行市場—57
  (3) 流通市場—59
3 利回りの種類——60
  (1) 単利と複利—60
  (2) 直 利—60
  (3) 最終利回り，応募者利回り—61
  (4) 所有期間利回り—66
4 金利との関係——66
  (1) 金利の動きと投資判断—66

(2) デュレーション—75
5　債券投資におけるデリバティブの活用——78
　　(1) デリバティブとは何か—78
　　(2) スワップ—80
　　(3) 先物・先渡し—86
　　(4) オプション—97
　　(5) 日本国債先物・先物オプション—109
　　(6) CDS(クレジット・デフォルト・スワップ)—111
6　債券の管理と決済——115
　　(1) 発行された債券の管理—115
　　(2) 国債の決済制度—117
7　債券取引の会計と税務——119
　　(1) 債券取引の会計処理—119
　　(2) 時価会計—119
　　(3) 債券に係る税制—121
COFFEE BREAK 有価証券のペーパーレス化—118

[IV] 各国債券市場の仕組み ——————123

1　国 内 市 場——124
2　米国債券市場——126
　　(1) 米国債券市場の特徴—126
　　(2) 発行債券の種類—127
3　ユーロ圏債券市場——132
4　英国債券市場——139
5　国際債券市場——140
COFFEE BREAK 欧州債務危機—138

[V] 債券相場を動かす要因 ——————143

1　何が債券相場を動かしているのか——144
　　(1) 景気循環と金利変動—145

- (2) 物価と金利—151
- (3) 成長率と長期金利—153
- (4) 長期金利とリスクプレミアム—156
- (5) 金融政策の変更とその影響—157
- (6) 利回りの期間構造理論—160
- (7) 海外要因—166
- (8) 為替市場の影響—167
- (9) 株式市場の影響—170
- (10) 需給要因—174

COFFEE BREAK イールドカーブ—163

補論　国債と財政問題 ——————181

- (1) 財政政策について—181
- (2) 深刻化する日本の財政—183
- (3) 長期金利と財政リスクプレミアム—187

[Ⅰ]
債券に関する基礎知識

1 債券とは

(1) 債券はおカネの貸し手と借り手の橋渡し

　私たちは、日常生活で債券を実際に目にすることがほとんどないため、「債券とは何か」と問われてもなかなか具体的なイメージが湧かないのではないでしょうか。まだ株式のほうが目にする機会が多いかもしれません。

　新聞を見ても、株式相場欄は比較的大きな紙面がさかれており、東京証券取引所などに上場されている3,000銘柄以上の終値や前日比の値動きなどはつぶさに見ることができます。しかし、債券欄の情報量はそれに比べて限られています。

　このように日常生活の中ではあまり意識されることのない債券ですが、実は経済社会の中で大変重要な役割を演じています。それは、おカネを借りたい人とおカネを貸したい人の橋渡しをすることです。その貸借関係を明らかにした「借用証書」が債券だと理解していただいて結構です。

　ただし、このような役割を担っているのは債券だけではありません。銀行も同じような役割を演じています。銀行は広く公衆(個人や企業)から預金という形でおカネを預かり、それを貸出(貸付)という形で借りたい人に仲介しています。

　この場合、預金者は最終的なおカネの借り手を意識せずに銀行だけを取引相手としています。一方、借り手もおカネの大本の出所を意識せずに銀行だけを取引相手にすればこと足ります。

　これに対して債券の場合、おカネの貸し手(債券保有者)は、元本が無事に戻ってくる日まで(通常は数年間)、おカネの借り手(債券発行者)の信用状態(支払能力)を意識する必要があります。

　そう考えるとおカネの貸し手にとって面倒な気もしますが、

図1-1　おカネの貸し手と借り手の橋渡し

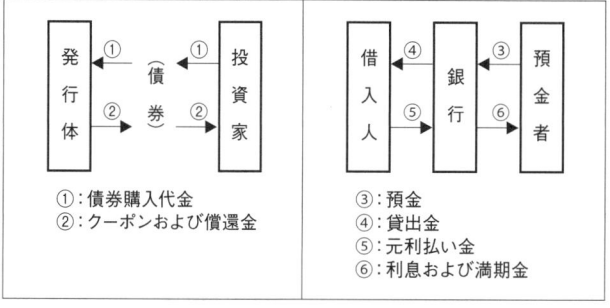

```
発行体 ←①─ (債券) ←①─ 投資家
     ─②→         ─②→

借入人 ←④─ 銀行 ←③─ 預金者
    ─⑤→      ─⑥→
```

①：債券購入代金
②：クーポンおよび償還金
③：預金
④：貸出金
⑤：元利払い金
⑥：利息および満期金

その代わりその分だけ定期預金よりも高い利息が得られるのが普通です。また，おカネの借り手(債券発行者)にしてみれば，一度に多数の投資家から大量の借入が可能になるという利便性があります。これも債券の優れた一面です。

もう一つ，債券には大きな特徴があります。債券保有者は現金が必要になった場合，債券の償還日(定期預金の満期日にあたる)を待たずとも市場で債券を売却することによって現金を手に入れることが可能です。特殊な場合を除けば，売却にあたって債券発行者の承諾を得る必要もありません。

ただし，すべての債券が市場で売却できるわけではなく，証券会社に買い取ってもらわなければならないケースも多いことには注意が必要です。したがって，市場での売却が可能なのか，または証券会社の買い取りに頼るべきなのかは，債券ごとに事前の確認が必要です。

また，債券を売却するときは，証券会社に売買委託手数料を支払います。さらに，自分が債券を買ったときよりも金利が上昇した場合や債券発行者の信用状態が悪化した場合，売却可能な価格は買ったときの値段よりも安くなります(このことは後で詳しく説明します)。いずれにせよ，原則論でいえば市場での転売ができるのが債券の特徴です。

(2) 債券には何が含まれるのか

債券の役割(機能)は分かったとして,ではどのようなものが債券に含まれるのでしょうか。債券はおカネの借り手が期日におカネを支払うことを約束しているという点で,小切手,手形,CP(コマーシャル・ペーパー)などとも似ています。しかし,小切手はあくまでも決済の手段であり,現金にかなり近い存在です。そのため,小切手には利息という概念がありません。

では,商業取引の決済手段として盛んに利用されている手形(商業手形)はどうでしょうか。手形は裏書譲渡(手形の裏面にサインをして期日での支払いを保証したうえで他人に譲渡すること)によって人の手を転々としますし,銀行に買い取ってもらえば現金化することもできます。つまり,手形は決済手段であると同時に,資金調達手段にもなるわけです。

CPは手形の一種です(ただし,電子CPは短期社債と位置付けられます)。しかし,手形と異なり商取引の裏付けはなく,信用力の高い企業のみが発行できる金融手形です。

小切手と手形は金融商品取引法(わが国の金融商品取引に関する基本法)でも有価証券に分類されておらず,一般にも債券とは呼ばれません。CPは実務的には債券の一種として扱われておりますが,資金調達の目的,償還までの時間の短さなど一般の債券とは異なる面が多く,分類上は別扱いにされることが多いようです。

(3) 誰が債券を発行しているのか

新聞やニュース番組などで最もよく耳にする債券は,国が発行している国債だと思いますが,国債以外にもさまざまな債券が発行されています(債券の分類については後で詳しく説明します)。発行金額で見れば国債が圧倒的に多いのですが,種類でいえば民間の事業会社が発行している社債(事業債とも呼ば

れます)や地方公共団体が発行している地方債のほうが多い状況にあります。

では、会社であれば誰でも社債を発行できるのでしょうか。1995年末までは適債基準(90年以前は業界の自主ルール、90〜95年は行政指導)が存在し、投資家保護の観点から債券を発行できる主体が制限されていました。今はこれも撤廃され、株式会社であれば原則として誰でも社債を発行できるようになりましたが、実務的には証券会社や機関投資家がそれぞれ独自の制限を設けているため、やはり誰でも社債を発行できるというわけにはいきません。

一般的には、債券を発行したいと思った会社は、幹事証券会社を選任し、格付会社から信用格付を取得し、引受証券会社の引受審査を受け、取締役会決議を行い、有価証券届出書を財務省に提出し、目論見書を配布するという一連の手続きを踏みます。

(4) 債券の安全性はどう測るのか

わが国の企業財務に関する情報開示(ディスクロージャー)は、近年大きく前進しました。また、インターネットの発達により企業財務情報を入手することも容易になりました。昔は有価証券報告書を図書館などで閲覧するなど、財務情報の入手には時間と労力がかかりましたが、今は自宅にいながらにして最新の企業財務情報を無料で入手できます。

しかし、いくら財務情報が入手できても、またある程度財務分析の知識があったとしても、個人が企業の信用力(支払能力)を的確に判断することは容易ではありません。これを解決してくれるのが、企業の信用力を専門に分析している格付会社(格付機関)です。

格付会社は債券や債券発行者をその信用力に応じて簡単な符号(格付符号)に分類し、その内容をインターネットのホーム

表1-1　格付会社とそのホームページ

格付会社名	国籍	ホームページ(日本法人)
ムーディーズ	米国	www.moodys.co.jp/Pages/default.aspx
スタンダード・アンド・プアーズ	米国	www.standardandpoors.com/home/jp/jp
フィッチ・レーティングス	英米	www.fitchratings.co.jp/web/
日本格付研究所(JCR)	日本	www.jcr.co.jp/
格付投資情報センター(R&I)	日本	www.r-i.co.jp/jpn/

表1-2　格付符号と定義の例

格付符号	定　　義
AAA	信用力は最も高く、多くの優れた要素がある。
AA	信用力は極めて高く、優れた要素がある。
A	信用力は高く、部分的に優れた要素がある。
BBB	信用力は十分であるが、将来環境が大きく変化する場合、注意すべき要素がある。
BB	信用力は当面問題ないが、将来環境が変化する場合、十分注意すべき要素がある。
B	信用力に問題があり、絶えず注意すべき要素がある。
CCC	債務不履行に陥っているか、またはその懸念が強い。債務不履行に陥った債権は回収が十分には見込めない可能性がある。
CC	債務不履行に陥っているか、またはその懸念が極めて強い。債務不履行に陥った債権は回収がある程度しか見込めない。
C	債務不履行に陥っており、債権の回収もほとんど見込めない。

(注)　表は長期個別債務格付の場合。AA格からCCC格については、上位格に近いものにプラス、下位格に近いものにマイナスの表示をする場合がある。
(資料)　格付投資情報センター

ページなどで無料公開しています。

　格付会社は、一般的には債務の信用リスク(返済ができないリスク)をリスクの小さいほうから順に、トリプルA(AAAやAaaと表記)からCまでの9段階で格付しており、そのうちトリプルB(Baa, BBB)以上が投資適格債と呼ばれます。社債は

こういった格付に応じた条件で発行されるため，高い格付の発行体は低コストでの資金調達が可能となります。

なお，同じ債券発行者に対しても格付会社によって格付が異なるケースは少なくありませんので，各社の格付を見比べることも重要です。また，格付会社が付与した信用格付が常に正しいわけではありませんし，付与した格付が的確でなかったとしても損害賠償には応じてくれません。あくまでも，参考情報の一つとして利用しましょう。

格付以外に債券の安全性を測る指標として，クレジットスプレッド（利回り格差）があります。クレジットスプレッドとは，対象債券の利回りと国債利回りの格差のことです。

通常，一国内で最も信用力の高いのは国債ですから，企業の発行する社債などは国債よりも高い利回りで流通します。社債と国債のクレジットスプレッドは社債スプレッドとも呼ばれています。社債スプレッドは，個別の発行体の信用力によって変化しますが，景気動向など企業全体の信用動向によっても変動します。過去の動きを見ると，日本で金融機関の破綻が相次いだ1997年以降，マイカルの経営破綻による日本最大の社債デフォルトや米国エンロンの経営破綻などの影響を受けた2002年前後，08年のリーマン・ショック後などに社債スプレッドが大きく拡大しています。

ところで，クレジットスプレッドは社債に限ったものではありません。たとえば，2010年以降の欧州債務危機では，南欧諸国の国債の信用力が極端に低下しましたが，各国国債の安全性を測る指標としては，信用力の高いドイツの国債利回りと当該国の国債利回りのスプレッドが利用されています。ただし，こうした流通市場におけるクレジットスプレッドは市場参加者の思惑や市場の噂など不確実な要素によっても大きく変動するため，必ずしも実際の信用力を示しているとは限りません。あくまで市場における現状の見方であることを念頭に置いて，格付

同様，参考程度にとどめておくことが必要でしょう。

(5) 債券はどこで買えるのか

個人はいろいろなところで，新規に発行された債券(新発債)を買えます。債券の中には金融債と呼ばれ，発行者である銀行が自ら販売している債券もあります。しかし，これはむしろ例外的で，ほとんどの債券は発行者に委託された証券会社などによって販売されています。過去に発行されて現在流通している債券(既発債)を買いたい場合は，証券会社に頼んで市場から買い付けてもらう必要があります。

国が発行する債券である国債は，大量かつ円滑な販売を図る見地から，証券会社，銀行，生命保険会社，郵便局などさまざまなところで販売されています。ちなみに，2003年3月からは購入対象者を個人に限定した「個人向け国債」が導入されています。購入単位を1万円とし，最低利率を保証するなど，個人の購入を促すため預貯金を意識した商品設計になっているのが特徴です。

2　金利について

(1) 金利の考え方

債券と金利は切っても切れない関係にありますので，ここでは金利について学びましょう。金利に関する考え方はいろいろありますが，その一つが「金利はおカネの過不足(需給)によって決まる」という考え方です。この考え方によれば，金利はおカネが余っているときは低く，おカネが足りないときは高くなります。

そして金利は資金の借入期間が短いか長いかによって，短期金利と長期金利に分けられます。一般的には，借入期間が1年以下の場合を短期金利，1年を超える場合を長期金利と呼んで

います。しかし、この区分けも厳密なものではなく、市場や状況によって異なりますので注意が必要です。

短期金利の決定については、中央銀行(わが国の日本銀行やアメリカの連邦準備制度理事会〔FRB〕など)の影響力が大きいのが特徴です。金融市場では、現金要因(給与やボーナスの支払いなど)や財政要因(納税や地方交付税の支払いなど)を受けて、資金の過不足が毎日発生します。中央銀行は毎日、金融市場全体における資金の過不足を調整するとともに、適宜、物価動向などをにらみながら各種政策金利を動かして短期金利を誘導しています。

長期金利の決まり方はもう少し複雑です。長期金利は、①将来の物価に関する見通し(将来の短期金利に影響)、②将来の経済成長に関する見通し(将来の景気が強いと思えばおカネを借りて設備投資をする会社が増えます)、③リスクプレミアム(投資家は償還の不確実性が高まるほど高い金利を要求します)などが考慮されて市場で決まります。そして、流通市場で形成される国債の利回りが、その他の長期金利の基準になります。そこには短期金利における中央銀行のような存在はなく、多数の投資家による売買を通して金利が決定されます。

銀行が貸し出すおカネの金利(貸出金利)は、貸す相手や返済条件によっても変わってきます。安定的な収入がたくさんある個人や企業は借りたおカネを返済できる確実性が高いと思われるため、相対的に低い金利での借入が可能です。また、借入の期間が短いほど返済される確実性が高いため、金利は低く設定されます。

(2) いろいろな金利

一口に金利といっても、いろいろな種類があります。たとえば、銀行で定期預金をつくると、この預金にはある一定期間同じ金利(利息)がつきます。こうした金利を固定金利と呼びま

す。一般の債券においても,通常クーポンという固定の金利が満期までついています。たとえば10年国債の場合,年2回の利払いがあるため購入時に20枚のクーポンがついており,償還までの10年間同じ利率の利息が受け取れます。

固定金利が満期まで金利が一定に保たれるのに対し,変動金利は3ヵ月または6ヵ月ごとに金利が見直される仕組みです。たとえば,最初に利息の支払いを約束するものの,その利率については「6ヵ月ものの金利を6ヵ月ごとに見直す」という仕組みで使われます。

さて,変動金利でよく使われる3ヵ月または6ヵ月の金利は,LIBOR(ライボー)と呼ばれる金利です。これは London Interbank Offered Rate の頭文字をとったもので,読んで字のごとく,ロンドンの銀行間で取引される資金の出し手(=貸し手)サイドが提示する(=要求する)金利です。

この金利はロンドンの銀行間取引がある間,1日中需給などを反映しながら変化します。その中でも,午前11時に取引される金利(イレブン・ライボー)がその日の指標として使われています。LIBOR は通貨ごとに決められ,通常ロイターやブルームバーグなどの情報端末で確認できます。また,この金利を使う債券などは,その契約書の中でどのようにして LIBOR を決めるかを詳細に規定しています。

(3) 時間の概念

金利と時間の概念は切っても切れない関係ですが,ここでこの点について整理してみましょう。

たとえば,人から100万円もらえるとします。このとき今もらうか,1年後にもらうかの選択ができるとします。どちらがよいのでしょうか。もちろん大抵の人は今もらうほうを選ぶはずですが,なぜ今がよくてどのくらい得なのか説明できるでしょうか。

I 債券に関する基礎知識

図1-2 金利と時間

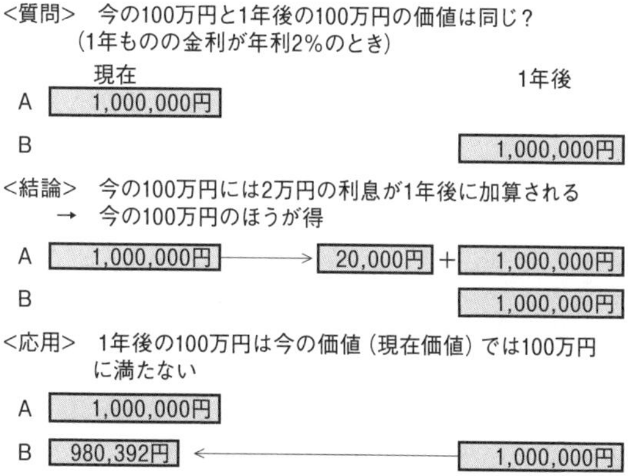

<質問> 今の100万円と1年後の100万円の価値は同じ？
(1年ものの金利が年利2％のとき)

	現在	1年後
A	1,000,000円	
B		1,000,000円

<結論> 今の100万円には2万円の利息が1年後に加算される
→ 今の100万円のほうが得

A 1,000,000円 → 20,000円 + 1,000,000円
B 1,000,000円

<応用> 1年後の100万円は今の価値（現在価値）では100万円に満たない

A 1,000,000円
B 980,392円 ← 1,000,000円

　仮に今1年物の金利が2％だと仮定して説明すると，図1-2のようになります。この図から分かるように，今もらう100万円は，1年間に2％の金利で利息を増やすことができますから，1年後の102万円に等しいことが分かります。この結果，今の100万円は1年後の100万円よりも2万円得だということになります。

　では応用問題です。1年後の100万円は，今現在ならどのくらいの価値があるのでしょうか。

　先ほど，1年後の価値を計算するのに100万円に1.02を掛けて計算しました。したがって，仮に今現在のＺ円が1年後に100万円になるとすれば，Ｚ×1.02＝100万円という等式が成り立つはずです。ここからＺを逆算すれば（100万円を1.02で割る），Ｚは98万392円になります。

　さてこれでお分かりのように，今の100万円と1年後の102万円は価値が同じです。また同様に今の98万392円は1年後の100万円と同じ価値なのです。この98万392円を，1年後の100万円の現在価値と呼びます。

時間の概念を考慮しておカネの価値を比べる場合は，比べる時点を同じにしなければならないということを覚えておいていただきたいのです。今比べるのかまたは1年後に比べるのか，いずれにしても同じ時点でなければ意味がないというわけです。

　さてそれでは，いよいよ債券の話に入ります。最初は，今までの話と同じ1年後との比較から始めましょう。

　まず，ここに2つの債券があるとします。Aの債券もBの債券も3％の金利がついています。ただし，Aの債券は今3％分の金利を受け取り，1年後に元本の100万円が償還されます。一方，Bの債券は通常どおり1年後に3％分の利息と元本を受け取れます。どちらも値段が100万円であるとすれば，読者の皆さんはA，Bどちらの債券を買いますか？

　答えはAです。理由は簡単です。なぜならAを選択すれば，直ちに3万円が入手可能で，この3万円を別途1年間運用することが可能になります（つまり孫利息が発生します）。したがって1年後のAの結果は103万900円となり，Bに比べて900円有利となります。

　いかがでしょう。時間の概念と金利の関係がお分かりいただけたでしょうか。それでは次にもう少し進んでIRR（内部収益率）のお話をしましょう。

(4)　IRR (Internal Rate of Return)

　IRR（内部収益率）ということばを初めてお聞きになる方がほとんどだと思いますが，これまでの部分が理解できていれば何も心配はいりません。この概念は，債券を理解するうえで避けて通れない概念ですし，スワップなどのデリバティブ（金融派生商品）を理解するにも必要な概念ですので，じっくりと読んでください。

　さて，今あなたを仮に首都食料㈱の社長さんだとします。本日の役員会の議題は，企画部から出ている新工場建設に関する

I 債券に関する基礎知識

プロジェクトです。計画によれば100億円の建設コストで新工場を建設し、1年目、2年目に各20億円、3年目、4年目に各15億円の収入があるものとされています。また、4年経過した時点で、この工場を別の会社に42億円で売却することにもなっています(つまり4年目は合計で57億円の収入)。

一方、経理部からは、景気の先行きが不透明なこの時期に新しい工場の建設は賛成できないとの意見があります。同部によると、満期4年の債券を買えば、クーポンは3%で100億円は確実に運用できるとしています。さて社長のあなたはどうしますか。

単純に考えると、債券を買えば4年目まで3億円ずつのクーポンを4回もらえますから12億円の儲けになります。したがって、100億円の投資に対し戻りは112億円で同じですが、戻ってくるタイミングが異なります。これを図示したのが図1-3です。この図を見ると、プロジェクトに関するおカネの大体の入り払いとそのタイミングが分かります。それでは首都食料の2つのプロジェクトを評価してみましょう。

さあ、前項で説明した時間の概念を思い出してください。

「1年後の100万円は、現在の価値では100万円に満たない」

「価値を比べる場合は、比べる時点を同じにしなければ意味がない」

ここでは、すべての収入を「現在の価値」に計算し直して、比べてみることにしましょう。

前項では、1年後の100万円を現在の価値に計算し直すとき、

　　Z×(1+クーポン)=100万円

という式から逆算して計算しました。したがって、

　　Z=100万円÷(1+クーポン)

で求められます。同じように債券の場合で考えると、1年後のクーポン(=利息)3億円の現在価値をAとすれば、

　　A×(1+クーポン)=3億円

図1-3 債券と工場のキャッシュフロー比較

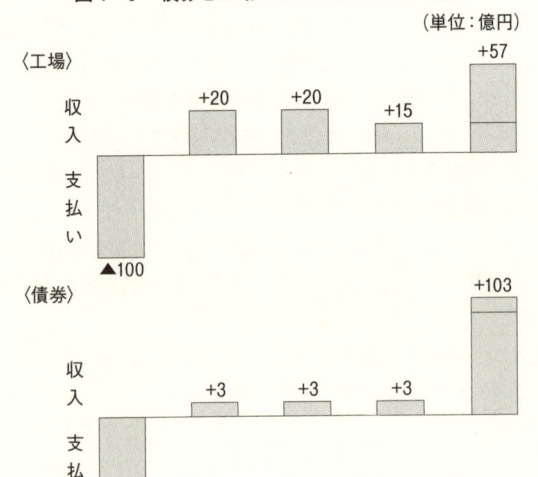

(単位:億円)

〈工場〉

収入／支払い: ▲100（現在）, +20（1年目）, +20（2年目）, +15（3年目）, +57（4年目）

〈債券〉

収入／支払い: ▲100（現在）, +3（1年目）, +3（2年目）, +3（3年目）, +103（4年目）

という式から,

　A＝3億円÷(1＋クーポン)

という式が求められ, Aの価値が計算できます。ここでは満期まで4年の債券のクーポンが年利3％ですから, この3％を使って現在価値Aを計算すれば,

　A＝¥300,000,000÷1.03＝¥291,262,136

となります。

今までは1年後の計算のみでしたが, 2年後にもらえる3億円はどうなるのでしょうか？　今までの考え方を2年後にも当てはめてみましょう。今2年後にもらえる3億円の現在価値がBだとします。Bの1年後の価値はいくらでしょうか。

先ほどのAの計算と同じ論理ですから, Bの1年後の価値は,

I 債券に関する基礎知識

$B \times 1.03$

となります。では，$B \times 1.03$の2年後の価値（実際にクーポンが支払われるとき）はどうなるのでしょうか。今から1年後までの1年間でBがBから$B \times 1.03$まで増えたのですから，次の1年間も$B \times 1.03$がさらに同じ3％で増えるはずです。したがって今から2年目まででは，

$(B \times 1.03) \times 1.03$

になるはずです。そしてこれが3億円に等しいわけですから，

$(B \times 1.03) \times 1.03 = 3$億円

この結果，Bは以下のように求められます。

$B \times 1.03 \times 1.03 = 3$億円

$B = 3$億円$\div (1.03 \times 1.03)$

したがって，

$B = ¥300{,}000{,}000 \div (1.03)^2$

$B = ¥282{,}778{,}773$

さあ，では3年後のクーポンはどうでしょう。3年後のクーポンの現在価値をCとおけば，今までの議論と同じように，

$C \times 1.03 \times 1.03 \times 1.03 = 3$億円

同様に4年後のクーポンの現在価値をD，また償還金の現在価値をEとすれば，

$D \times 1.03 \times 1.03 \times 1.03 \times 1.03 = 3$億円

$E \times 1.03 \times 1.03 \times 1.03 \times 1.03 = 100$億円

以上から，

$A = 300{,}000{,}000 \div 1.03 = 291{,}262{,}136$

$B = 300{,}000{,}000 \div 1.03^2 = 282{,}778{,}773$

$C = 300{,}000{,}000 \div 1.03^3 = 274{,}542{,}498$

$D = 300{,}000{,}000 \div 1.03^4 = 266{,}546{,}114$

$E = 10{,}000{,}000{,}000 \div 1.03^4 = 8{,}884{,}870{,}479$

4回の利払いと償還金の現在価値の合計はA＋B＋C＋D＋Eで求められることから，この債券の現在価値は100億円となりま

す。

　さて，いよいよ工場に取りかかりましょう。債券の場合と同様に1年後の利益の現在価値をa，2年後をb，3年後をc，4年後をdとおきましょう。a，b，c，dのそれぞれの価値は以下のとおりになります。

　　a＝2,000,000,000÷1.03　＝1,941,747,573
　　b＝2,000,000,000÷1.03^2＝1,885,191,818
　　c＝1,500,000,000÷1.03^3＝1,372,712,489
　　d＝5,700,000,000÷1.03^4＝5,064,376,173

　さて，a，b，c，dの合計はいくらでしょうか。

　答えは¥10,264,028,053になります。

　このことは何を意味するのでしょうか？　債券の利息と償還金(元本)を現在の価値に引き直して計算して合計したら，ちょうど100億円でした。一方，新工場のプロジェクトのキャッシュフローを現在の価値に引き直して合計すると2億6,400万円強も多いことが分かりました。

　前項で見たように，おカネの価値は時間の概念を加味して同じ時点で比べないといけないことになっています。この結果から現在価値に引き直して比較すると，どうも新工場のプロジェクトのほうが得のようです。

　さて，役員会で，社長であるあなたはいよいよ新工場プロジェクトに承認を与えます。ところが4年間で2億6,400万円得することが分かったものの，ここで年間では何％くらい債券のクーポンを上回るのかという質問が経理部より出てきました。

　先へ進む前にもう少し今までのところを整理しましょう。図1-4を見てください。まず，債券のケースでは最初に払う100億円とその後に受け取る利息および償還金の現在価値の合計がぴったり同じになりました。したがって，以下のような等式が成り立ちます。

I 債券に関する基礎知識

図1-4 新工場建設プロジェクトの現在価値

(単位:億円)

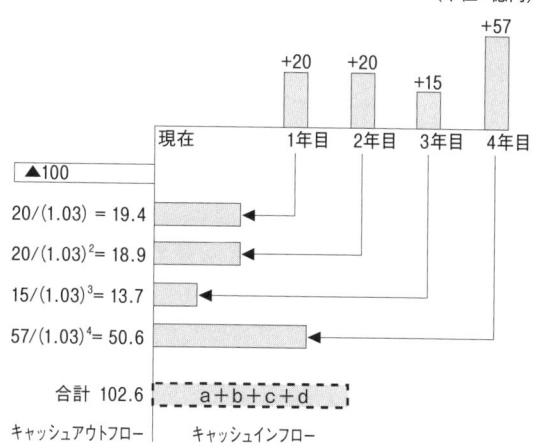

```
                    +20   +20   +15        +57
        現在       1年目  2年目  3年目      4年目
▲100
20/(1.03) = 19.4    ←
20/(1.03)² = 18.9         ←
15/(1.03)³ = 13.7               ←
57/(1.03)⁴ = 50.6                          ←

合計 102.6    ┌─ a+b+c+d ─┐
キャッシュアウトフロー│ キャッシュインフロー
```

$100 = A + B + C + D + E$

$= 3/1.03 + 3/1.03^2 + 3/1.03^3 + 3/1.03^4 + 100/1.03^4$

今度の新工場プロジェクトのケースでは、キャッシュインフローの現在価値合計が最初の投資額100億円を約2億6,400万円上回ります。したがって、以下の関係が成り立ちます。

$100 < a + b + c + d$

さて、いよいよIRRの始まりです。

今までは、金利3%を前提に新工場プロジェクトの現在価値を算出しました。3%という金利は、比較する債券のクーポンとして与えられていたわけです。しかし、利回り(金利)という点で見た場合、このプロジェクトは一体何%で回っているのでしょうか。

実際に3%という金利を上げたり下げたりしたと仮定してみましょう。図1-4をもう一度よく見てください。仮に3%という金利を下げると(1.03)という除数が小さくなります。した

がって金利が下がるとますますa + b + c + dのほうが大きくなり，100億円との差が広がります。

では，徐々に値を大きくしていけば，必ず100億円と等しくなる金利(利回り)があるはずです。仮にこの金利をrとします。このrは，キャッシュインフロー(流入するキャッシュフロー)がキャッシュアウトフロー(流出するキャッシュフロー)の100億円に等しくなるような金利です。以下の式がこれまでの議論から成り立つはずです。

$$100=20/(1+r)+20/(1+r)^2+15/(1+r)^3+57/(1+r)^4$$

この式をrについて解けば，キャッシュインフローとキャッシュアウトフローの100億円が等しくなる数値(金利)が求められるわけです。この考え方に基づいてパソコンで計算して求めたものが，以下の解です。

$r = 3.92\%$

3次元以上の方程式は2次元方程式のように簡単には解けません。パソコンを使ってrにいろいろな数字を代入していき，ぴたりと100億円になったところを解とします。このように計算された金利または利回りを，IRR (Internal Rate of Return)と呼びます。

さあ，経理部に対する答えが見つかりました。4％近い金利が期待できるわけですから，債券を買うよりかなり有利な新規事業投資といえるでしょう。

つまり，先の債券に投資するよりも，現在価値で約2.6億円，利回りで年利約0.9％有利になります。

このIRR概念は債券を考えるときに必ず出てきますので，今までの議論が必ずしも完全に理解できていないと思われる方は，もう一度電卓を準備して自分で数字を入れながら復習してみてください。

[Ⅱ]
債券の種類と仕組み

1 債券の種類

(1) 債券の形態による分類

一口に債券といっても、いろいろな種類があることは前に述べたとおりです。金融技術が発達したことによって、デリバティブを組み込んだ債券なども発行されており、これらを含めるとかなり多くの債券が発行されています。

この章では、債券をその性格などで分類し、それぞれの仕組みを順に説明していきます。分類の仕方にもいろいろとありますが、まずは、利子(クーポン)の支払方法など、形態による分類を見てみましょう。

利付債は、発行者から債券を保有している人に定期的に利子が支払われる債券を指し、その中には固定利付債と変動利付債が含まれます。割引債は利付債と違って、券面に利札はついておらず、満期までの間は一切利子が支払われない代わりに、発行の際、額面から割り引かれた価格で発行される債券です。そのほか、新株予約権付社債、資産担保証券(Asset Backed Securities：頭文字をとって ABS とも呼びます)や仕組債、デリバティブを使った債券などがあります。

(2) 発行体による分類

次は視点を変え、発行体別に分類してみましょう。

発行体による分類を中心に整理したのが図2-1です。債券は「公社債」と呼ばれることがありますが、これは国、地方公共団体、政府関係機関が発行する「公共債」と、民間の事業会社が発行する「民間債」の総称です。

公共債から順に説明していきますと、国債はいうまでもなく日本国が国として発行する債券で、満期償還までの期間の長さや利付債か割引債かなどの違いによって図2-1のように分類

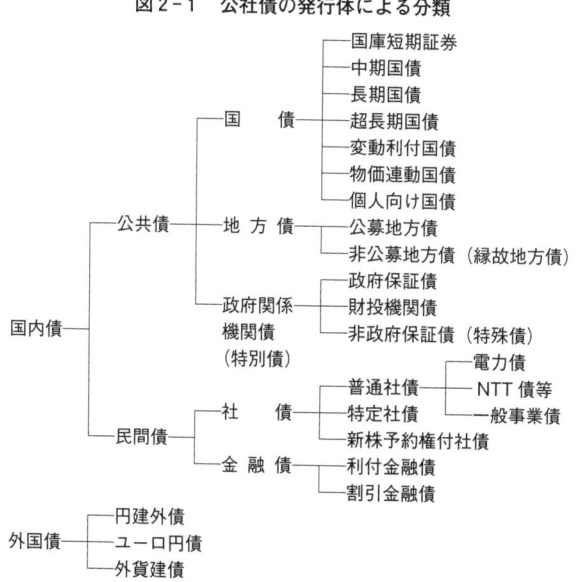

図2-1 公社債の発行体による分類

```
                            ┌─ 国庫短期証券
                            ├─ 中期国債
                            ├─ 長期国債
                    ┌ 国 債 ─┼─ 超長期国債
                    │        ├─ 変動利付国債
                    │        ├─ 物価連動国債
                    │        └─ 個人向け国債
           ┌ 公共債 ─┼ 地方債 ─┬─ 公募地方債
           │        │        └─ 非公募地方債(縁故地方債)
           │        │ 政府関係  ┌─ 政府保証債
           │        └ 機関債  ─┼─ 財投機関債
  国内債 ─┤          (特別債)  └─ 非政府保証債(特殊債)
           │                              ┌─ 電力債
           │        ┌ 社 債 ─┬─ 普通社債  ─┼─ NTT債等
           │        │        │ 特定社債    └─ 一般事業債
           └ 民間債 ─┤        └─ 新株予約権付社債
                    └ 金融債 ─┬─ 利付金融債
                              └─ 割引金融債

           ┌─ 円建外債
  外国債 ─┼─ ユーロ円債
           └─ 外貨建債
```

することができます。また,国債と,都道府県や市町村が発行する地方債,および,政府と関係の深い特殊法人が発行する政府関係機関債を合わせて公共債と呼びます。

民間債は一般の株式会社が発行するものすべてを指し,「社債」と「金融債」に分類できます。金融債は特定の金融機関が発行する債券で,利付金融債と割引金融債があります。社債は,さらに発行体別には通常,「電力債」「NTT債等」,および「一般事業債」の3つに区分されます。

一般事業債とそれ以外の事業債との違いは,一般事業債が発行会社のその他の無担保債務と同列に扱われるのに対し,電力債などその他の事業債の場合,それぞれの会社設立法によってその他の無担保債務に優先して弁済しなければならないことが決まっています。

(3) 償還までの期間による分類

次に,債券の償還までの期間の長さによる分類を紹介します。ここでの分類は厳密な意味はなく,人によって区分の仕方が違う場合もありますが,代表的な分類を以下に挙げます。

短 期 債：償還までの期限が3年未満の債券
中 期 債：償還までの期限が3年以上7年未満の債券
長 期 債：償還までの期限が7年以上11年未満の債券
超長期債：償還までの期限が11年以上の債券

この分類は新規発行債の場合と,既発債の場合の両方があります。たとえば,10年債として発行された債券は当初,長期債として扱われますが,発行後5年以上経過すると中期国債に分類されます。

以上が債券の代表的な分類です。これらを踏まえつつ,次は債券の仕組みを見ていきましょう。債券の形態による分類に沿って,一番多く発行されている固定利付債から順番に話を進めましょう。

2 固定利付債

(1) 固定利付債とは

まずは固定利付債からです。そもそも利付債とは,その債券を保有している人に対して,発行者から定期的(一般に半年ごと)に利子(クーポン)が支払われる債券のことをいいます。わが国で発行される債券の9割以上が利付債にあたり,長期国債,地方債,利付金融債,社債などはいずれも利付債です。

利付債は,さらに固定利付債と変動利付債とに分けることができます。何か難しそうに聞こえますが,固定利付債が,発行後に経済や金融情勢がどのように変化しても発行当初に決めら

II 債券の種類と仕組み

図2-2 固定利付普通社債の実例

発 行 者　首都食料(株)
発行金額　100億円
クーポン　3％
発行価格　100円
満　　期　5年

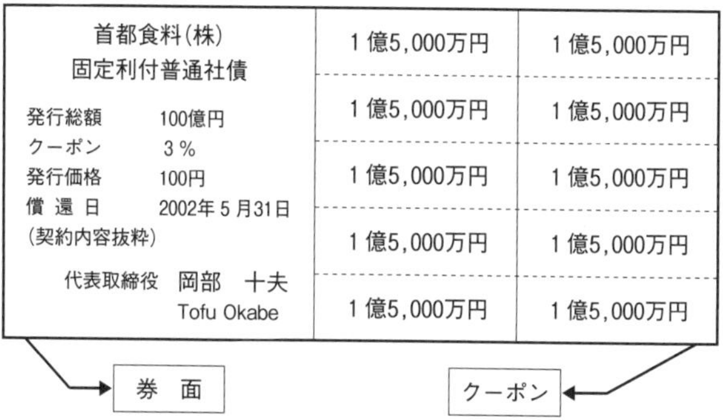

首都食料(株) 固定利付普通社債	1億5,000万円	1億5,000万円
発行総額　100億円 クーポン　3％ 発行価格　100円 償還日　2002年5月31日 (契約内容抜粋)	1億5,000万円	1億5,000万円
	1億5,000万円	1億5,000万円
代表取締役　岡部　十夫 　　　　　Tofu Okabe	1億5,000万円	1億5,000万円

↙　券　面　　　　　　　クーポン

れたまま利息が変わらないのに対して，変動利付債は支払金利がその時々の市場で決まる金利に合わせて変動するということです。この意味で，固定利付債は最も仕組みが簡単な基本的な債券といえるでしょう。

具体例を挙げて考えていきましょう。IRRのところで活躍してもらった首都食料にもう一度登場してもらい，この会社が満期5年で100億円の固定利付債券を発行するとします。そしてそのときのクーポンが3％だとすると，発行体である首都食料は，その債券の満期が来るまで毎年3億円のクーポンを，債券を購入した人に支払えばよいことになります。

クーポンを支払う回数については，国内債は半年ごと，ユーロマーケットで発行されている債券は年1回が一般的です。

発行価格は，通常は100です。発行価格が100ということは，100億円の債券を発行したときに100億円のおカネを発行体として受け取ることができるということです。では，発行価格が90

ではどうなるでしょうか。発行価格90では、100億円分の発行に対して受け取り金額は90億円に減少します。また、3％でクーポンが変化しないとすれば、満期まで毎年90億円に対して3億円の金利を支払わなければならないので、発行価格が100の場合に比べて率にすれば多めの金利を負担していることになります。この点については、次項で詳しく説明します。

(2) 発行者コスト

固定利付債を発行するにあたって考慮しなければならないことが、いくつかあります。なかでも、一体どのくらいのコストでおカネを調達できるのかという点は、最も重要なポイントです。

この点について、以下の数字が重要になってきます。

①	クーポン	3％
②	発行価格	100
③	年　限	5年

ここで、もし100の価格で債券が発行されたとすれば、それらの債券の発行者コストは年限に関係なく常にクーポンに等しくなります。この関係を示したのが図2-3です。発行価格が100の場合、IRRを計算すると、クーポン3％に等しくなるという関係が確かめられると思います。

では、発行価格が100に満たない場合はどうでしょうか。仮に発行価格が95のときのIRRを計算すると、以下のようになります。

IRRをrとおけば、

$95 = 3/(1+r) + 3/(1+r)^2 + 3/(1+r)^3 + 3/(1+r)^4 + 103/(1+r)^5$

この等式を満たすrについては、r＝4.1％となります。

Ⅱ　債券の種類と仕組み

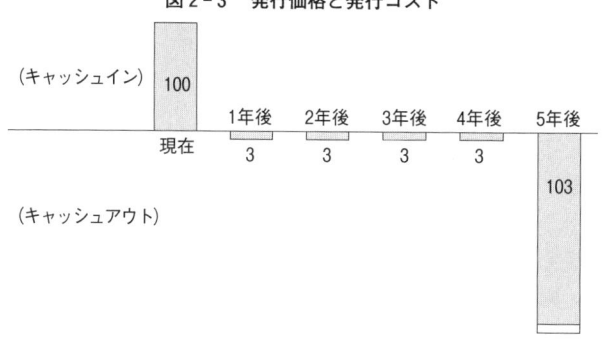

図2-3　発行価格と発行コスト

（キャッシュイン）　100

　　　　　1年後　2年後　3年後　4年後　5年後
　現在　　3　　　3　　　3　　　3

（キャッシュアウト）

103

　では，発行価格が105の場合はどうでしょうか。同じようにIRRをrとおけば，

$$105 = 3/(1+r) + 3/(1+r)^2 + 3/(1+r)^3 + 3/(1+r)^4 + 103/(1+r)^5$$

　この等式を満たすためには，r＝1.9％となります。

　これらの解が整合性がとれているかどうかを，検証してみましょう。発行価格95の場合は，たとえば95億円受け取って，3億円の金利を払い，最後に100億円を返すわけですから，受領するおカネが返すおカネより少なくなります。IRR＝r＝4.1％がクーポン3％を上回るということは，発行者のコスト負担が大きいということになり，なるほど理屈に合います。

　同様に発行価格が105の場合は，最初に105億円を受け取って，3億円の金利を払い，100億円しか返さないわけですから，発行者コスト（すなわちr＝1.9％）がクーポン3％より低いということになります。これは発行者のコスト負担が小さいことを表し，理屈に合っています。

　ここでは，非常に簡単なキャッシュフローの説明にとどめましたが，発行時にかかる費用や，各期にかかる期中費用などは，それぞれのキャッシュフローから引くなどして，この方法によりかなり詳細な発行コストまでが計算できます。

(3) 金利変動と固定利付債の関係

金利変動と固定利付債の関係について,詳しくは後の項に譲るとして,ここではごく簡単に導入をお話ししておきたいと思います。

先ほど使った首都食料の5年ものの債券の値段が,満期が近づき,市場の金利が変化するにつれてどう変化するか,というのがここでの問題です。

まず,債券が発行されてから1年目の値段を考えてみましょう。債券が発行されてから1年目ということは,満期まで残り4年になっているわけですから,満期までの4年間のキャッシュフローをそのときの4年ものの市場金利で割り引いて考えれば,債券の現在価値は計算できるはずです。

ここで議論を簡単にするために,1年ものから5年ものまでの市場金利をすべて3%と仮定します。この結果,満期4年ものの市場金利は3%で,債券のほうは3%のクーポンを4年間もらって4年目に100円で償還されるわけですから,計算するまでもなく,現在価値は100円になるはずです。

では,発行されてから1年目に金利が低下し,そのときの満期4年ものの市場金利が2%であったとすればどうでしょう。同じように4年間にもらえる3%のクーポンと満期時の償還金の100円を2%で現在価値に割り引き直せば,答えは104円になります。

次に,市場金利が4%に上昇したときはどうでしょうか。考え方は同じです。4年間にもらえる3%のクーポンと満期時の償還金100円を市場金利4%で現在価値に割り引き直すと,96円となります。

このように,固定利付債は,市場金利が低下すれば価格が上昇し,反対に市場金利が上昇すれば価格が低下する性質があります。固定利付債を理解するうえで最も基本的な概念になりますので,よく覚えておいてください。

次に、変動利付債の説明にいきましょう。

3 変動利付債

(1) 変動利付債とは

変動利付債(Floating Rate Note：FRN)が固定利付債と最も異なる点は、クーポンにあります。

固定利付債のクーポンは発行時に一度決まると満期まで変わることはないのですが、一方で変動利付債はクーポンが6ヵ月または3ヵ月ごとに見直されるのが常です。この変動利付債は海外ではユーロ市場で多く発行されています。また、日本では2000年6月から公募の形式で期間15年の変動利付国債が発行されています。

ここではユーロマーケットの変動利付債を使って具体的に説明しましょう。今、100億円の資金を調達し、利払い期間は2011年6月21日から始まるものとします。クーポンに6ヵ月LIBORと同じ金利が適用されると仮定し、発行当初の円LIBORが1％であったとすれば、最初の利払い期間である2011年6月21日から2011年12月21日までは、1％のクーポンが支払われます。

その後、金利が上昇し、円LIBORが1.5％になったとすると、クーポンは見直されて2011年12月21日からの6ヵ月間は1.5％のクーポンが支払われることになります。

このように、変動利付債の場合、発行時から満期までの間、発行日から6ヵ月ごとに次の期間に適用されるクーポンを決めていきます。

すなわち、固定利付債と異なり、満期まで6ヵ月ごとにクーポンが変わりますので、発行者も投資家も満期が来るまで、発行コストや投資家利回りを計算することはできないのです。

ここまでの例は、クーポンが6ヵ月LIBORに等しく決めら

れる説明になっていましたが，実際には事業会社が変動金利で債券を発行しようとすれば，銀行間の金利であるLIBORに多少金利を上乗せしなければなりません。その上乗せ分は，会社の格付や，金利の動きそのもの，変動利付債に対する投資家の需要によって異なってきます。

では，変動利付債の価格はどのように決められるのでしょうか。固定利付債の発行価格が発行コストに大きな影響を及ぼすことは，前節で説明しました。変動利付債の場合，通常，価格100で発行されるケースがほとんどです。これは，発行価格で発行者コストの微調整を行うケースが固定利付債に比べて少ないからです。この点については，次の発行者コストのところでもう少し詳しく説明します。

(2) 発行者コスト

変動利付債の発行者コストは，どのように計算すればよいのでしょうか。変動利付債の場合，固定利付債ほど簡単ではありません。日々動く市場金利をもとにクーポンが決められるため，発行者コストを具体的な数字で測ることは不可能なのですが，通常，ベースとなる金利にどのくらい上乗せされているかという点からコストを計算します。具体例を見てみましょう。

今，ある会社が，LIBORベースの変動利付債を100億円発行し，発行条件はLIBOR＋0.5％だとします。発行価格は100で，満期は10年です。

このケースの場合，発行者コストはLIBOR＋0.5％ということになり，この会社は6ヵ月ごとに決まるLIBORに0.5％を上乗せした金利を10年間払えばよいということになります。

では，発行価格が99であればどうでしょうか。

この場合には，発行当初に受け取る99億円に対し，100億円を返さなければいけないわけですから，発行価格が100の場合と比べて10年間で1％分の負担が増えることになります。すなわ

ち，1年当たりで考えると，0.1％分のコストがさらに上乗せされることになり，合計で LIBOR ＋0.5％＋0.1％＝ LIBOR ＋0.6％となります。このように，発行価格の部分を発行者コストに組み入れる方法はいろいろありますが，変動利付債の場合は，発行価格と満期償還の差を単純に年限(この例では10年)で割り，LIBOR に上乗せして計算するのが普通です。

(3) 変動利付債のポイント

　固定利付債と比べ，変動利付債を発行するメリットには何があるのでしょうか。それは，発行者の将来の金利に対する見方が重要なポイントとなります。

　固定利付債であれば，発行者コストがあらかじめはっきり数字で示されます。たとえば，ある工場建設のプロジェクトに資金を使う場合，その工場のプロジェクトから得られる予想収益が，固定利付債を発行することによる資金コストを上回っていれば，工場建設のプロジェクトを進める価値があるといえるでしょう。

　一方で，もし仮に，これから金利が下がるということがかなりの確率で起こり得ると考えられるならば，そのときの高い金利で固定利付債を発行し，満期までそのコストを負担し続けるのは得策とはいえません。こういうときこそ，変動利付債の発行を考えるべきなのです。

4　割　引　債

(1) 割引債とは

　割引債とは，ここまで説明した利付債と違って，クーポンがついていない債券のことで，ゼロクーポン債とも呼ばれます。利付債では発行価格は普通100であると説明しましたが，割引債は発行価格を額面価格より低く発行し，それと償還(額面)と

の差を発行体が支払う利子と考えるのです。すなわち，利子を先払いするともいえるでしょう。

このような発行の仕方を「割引発行」といい，ここでいう利子は「割引料」と呼ばれます。

こうした形式で発行されている債券は，割引金融債，割引短期国債，政府短期証券などがあります。なお，2009年以降は短期国債と政府短期証券の統合発行が実施されており，国庫短期証券という統一名称が使われています。

(2) 発行者コスト

それでは，割引債の発行者コストについて考えてみましょう。

先ほど「割引債はクーポンがついていない」と説明しましたが，この世の中で金利を払わなくていいわけがありませんので，ついていないのであれば何らかの方法で金利を払わなくてはならないと考えるのが自然です。

今までの利付債の説明で，債券を構成する要素は，クーポン，発行価格，償還価格，年限，発行総額でした。このうち，利回りに直接影響を及ぼすのは，クーポン，発行価格，償還価格です。割引債はこのうち，クーポンがゼロというわけですから，利回りは残る発行価格か償還価格で調整されることになります。償還価格が100以外ということは実際にはめったにありませんので，結局発行価格で調整するしかありません。具体例を見てみましょう。

再び，首都食料に登場してもらいます。今，首都食料が5年ものの割引債を100億円発行するとします。発行者コストは今までと同じ3％です。この発行価格をいくらにしたらいいでしょうか。参考のために表2-1に固定利付債と割引債のキャッシュフローを示しました。

ここで，発行価格を求めるためには，5年後の100に対する

II 債券の種類と仕組み

表2-1 固定利付債と割引債のキャッシュフロー

現在	1年後	2年後	3年後	4年後	5年後
<固定利付債>					
100	▲3	▲3	▲3	▲3	▲103
<割引債>					
発行価格	0	0	0	0	▲100

現在の価値を求めればいいわけです。しかもそのときの発行者コストは3％ですので、5年後の100を3％で現在価値に割り引くと、答えは「発行価格＝86」となります。

最後に若干用語を説明しますと、割引債のように元本が値上がりして利益が出ることを「キャピタルゲイン」といいます。一方、固定利付債のようにクーポンで利益が出るような場合は「インカムゲイン」といいます。

5 新株予約権付社債

(1) 転換社債型新株予約権付社債とは

新株予約権付社債とは、一定期間内であれば発行会社の株式を一定の価格で取得できる権利のついた社債のことをいいます。株価対策の一環で2001年10月から金庫株が解禁されましたが、それに続いて新株予約権付社債が新たに創設されました。

この改正商法は、金庫株と同様、ストックオプション（自社株購入権）を拡充させることが目的で、2001年11月21日に成立しました。この改正を機に従来の転換社債と新株引受権付社債（ワラント債）は法律上廃止され、いずれも新株予約権付社債となりました。

転換社債の性質を有するものについては、転換社債型新株予約権付社債と呼ばれています。

転換社債型新株予約権付社債は「あらかじめ決められた価格（転換価格）で、発行会社の株式に切り替えることができる社

債」と定義できます。新株予約権(株式を一定の条件で買い付ける権利)が行使された場合には、社債の全額が償還され、払い込むべき金額に充当されます。転換社債型新株予約権付社債は、社債と株式の中間的な性格を持つ資金の調達手段といえます。

また、株価がいくらになっても一定の条件で株式を取得することができるという性格から、クーポンは固定利付債より低く決められるのが常です。

それでは具体的に見てみましょう。

首都食料が、100億円の転換社債型新株予約権付社債(利付債)を以下の条件で発行するとします。

<首都食料㈱転換社債型新株予約権付社債発行条件>

①総　　額	100億円	
②年　　限	5年	
③クーポン	1.5%	
④転換価格	500円	

では、投資家は、何を求めてこの転換社債型新株予約権付社債を購入するのでしょうか。現在の株価が500円近辺であるとすれば、転換価格が500円なので、株を購入する場合と比較したとき、ほぼ同じ条件になります。ただ、転換社債型新株予約権付社債を購入した場合、転換するまで、固定利付債としてのクーポンを受け取ることができます。

株式の投資尺度として、配当利回り(年間の配当金÷株価)があります。この配当利回りを転換社債型新株予約権付社債のクーポンが上回っていれば(このケースでは1.5%)、転換社債型新株予約権付社債を購入したほうが有利になります。

(2) パリティ，プレミアム，転換

もう少し，転換社債型新株予約権付社債の特徴を見てみましょう。

今あなたは100万円の転換社債型新株予約権付社債を持っているものとします。うまいことに首都食料の業績が伸び，株価が600円に上がったとします。ここであなたには2つの選択肢があります。①転換社債型新株予約権付社債のままマーケットで売ってしまう，②株式に転換して株式のマーケットで売って現金化する。

まず①の選択肢ですが，転換社債型新株予約権付社債の値段はどのくらいになっているのでしょうか。実際のケースでは，マーケットの値段で売るしか選択肢はないのですが，ここで，理論的な値段の計算方法を紹介しておきましょう。

この理論的な転換社債型新株予約権付社債の値段を，パリティと呼んでいます。パリティの計算式は以下のとおりです。

　パリティ＝株式の時価÷転換価格

したがって，首都食料の場合は，

　パリティ＝600÷500＝1.2＝120％

この計算結果から，120円がこの転換価格のパリティということになります。したがって，少なくとも120万円前後で，この転換社債型新株予約権付社債が売れるはずです。

転換社債型新株予約権付社債は，一定の条件に従って株式に転換できる「権利」がついている社債です。したがって，通常，マーケット価格はこの「権利」の価値を反映して，理論価格であるパリティより高くなります。現在のマーケットでの取引価格が仮に125円だとすると，パリティの120円との差額である5円をプレミアムと呼んでいます。

それでは，株式に転換して株を売却する②の場合はどうでしょうか。まず100万円の転換社債型新株予約権付社債を株式に転換した場合，何株の株式に転換されるかを考えます。この

答えは比較的簡単に以下の式で求められます。

　　転換株数＝額面÷転換価格

この例題の場合は1,000,000÷500＝2,000(株)です。

この株数に時価の600をかければ，マーケットで売却したときの受取金額が計算されます。

　　2,000×600＝1,200,000(円)

ということで，ここでは，転換社債型新株予約権付社債のまま売却したほうが，株式に転換するよりも有利ということになります。

(3) 発行者コスト

転換社債型新株予約権付社債の発行者コストは，2つに分けて考えるべきです。最初の発行者コストは固定利付債と同じ考え方です。今，発行価格が100であるならば，発行コストはクーポンと同じです。

次は，転換社債型新株予約権付社債を発行したことによって，新たに発行される株式の配当コストまで含めた発行者コストの考え方です。

ここで大切なことは，固定利付債は金利という形で，税金を払う前の利益から払うことができる一方，配当は，税金を払った後の利益からしか払えないということです。これは実際のコストにどのような影響を及ぼすのでしょうか。

具体例を使いながら簡単に説明してみましょう。

＜前提＞

固定利付債の発行者コスト	3％
転換社債型新株予約権付社債の発行者コスト	1.5％
発行会社の配当コスト	1％
(税引後，時価ベース，5÷500)	
配当	5円

株式の時価(額面)	500円
発行会社の実効税率	50%

 まず,固定利付債と転換社債型新株予約権付社債のクーポンはそれぞれ金利として処理されますから,どちらも税引前利益から経費として控除され,同列に比較することができます。問題は,転換社債型新株予約権付社債が転換されて株式が発行された場合の配当コストとの比較です。

 ここで,転換社債型新株予約権付社債の発行者コスト(ここでは1.5%)と比較するため,発行会社の税引後の配当コストを税引前の配当コストに引き直す方法を考えましょう。

 今,発行会社の実効税率は50%と仮定していますから,もし税金を払う前であれば,2倍の配当を払ったのと同じことになります。つまり,配当コストは1%(5÷500)という前提でしたが,税引前に引き直せば2%になるわけです。

 したがって,この転換社債型新株予約権付社債を発行したことによるトータルなコストは,いつ転換が起こるかによっても変わってきます。転換されていない債券の部分の税引前のコストは1.5%,また転換されて株式が発行された部分についての税引前のコストは2%となります。

 このように社債の部分と株式の部分のコストを比較するときには,それぞれの金利や配当に対する税金の扱いが異なることから,常に税引前か税引後のどちらかにそろえて比較しなければなりません。

6 外国債券(外債)

(1) 円建外債

 外国債とは,簡単にいえば,国内債以外の債券を指します。もう少し定義らしくいえば,その債券が発行される市場,発行

体の国籍，その債券の利払いや償還が行われる通貨のうち，いずれか一つでも日本(日本円)以外の債券といえます。

ただし，これは一般的な分類の方法で，必ずしも明確な定義ではないことに注意してください。この外国債券の中にはいろいろな種類があります。たとえば通貨によって分類すると，利払いと償還が円によって行われる外国債を円建外債，円以外の外貨によって行われるものを外貨建債といったりします。

まず，円建外債から説明しましょう。

円建外債とは，非居住者がわが国のマーケットで，円貨で発行する債券のことをまとめていい，「サムライ債」とも呼びます。

円建外債の発行者は，外国の政府，政府機関，地方自治体，民間企業および国際機関です。発行者は発行代金を円貨で受け取り，利払いと償還金も円貨で支払います。発行者は受け取った円貨を通常，自国の通貨に換えて使用します。

円建外債は，1970年にアジア開発銀行債を第1号として発行されました。それ以来，国際収支の動きやマーケットの変動にたびたび影響を受けましたが，円の国際化や自由化とともに，わが国のマーケットに定着しています。

円建外債の発行条件は，その時々の債券流通市場の情勢に合わせて弾力的に決められています。国内債では，ある債券だけが飛びぬけてほかと違う条件で発行されるということはあまりありませんが，円建外債ではこれらに制約はありません。

具体的には，償還が同じ円建外債や国債などの流通利回りが参考にされ，信用力に応じた格差をつけて発行条件が決められるわけです。

一般的には，世界銀行などの信用力の高い国際機関や，先進国が発行体の場合は，わが国の長期国債よりもやや低い利回りが決定されるのに対して，発展途上国などその国特有のリスク(カントリーリスク)の高い国が発行体の場合は，高い利回りが

設定されます。

なお、円建外債は東京証券取引所に上場している銘柄が多く、新聞などで価格を調べることができます。

(2) 外貨建債

次は外貨建債です。

先ほど説明した円建外債では、その債券の利払いや償還は「円貨」で行われましたが、外貨建債は円貨以外の「外貨」で行われます。すなわち、発行者が外貨を調達するために発行する債券といえます。理論的には、今存在する通貨の数だけ外債の種類があるといえます。

さて、外貨建ての債券を購入する際には、必ず為替リスクに注意しなくてはなりません。現在、先進国のほとんどが変動相場制を採用していて、為替レートは時々刻々と変化します。あなたが外貨建ての債券を買うとき、手持ちの資金をその債券の通貨(米ドルやユーロなど)に換え、投資した後、再び円に換えることを想像してみてください。

もしその通貨が円に対して強く(円安)なれば利益が発生し、逆に弱く(円高)なれば損失が発生することになります。

同じ外貨建債でも、日本国内で非居住者が発行する外貨建債もあります。非居住者が円建てで発行するサムライ債に対して、「ショーグン債(東京外貨債)」と呼ばれています。

(3) ユーロ円債

ユーロ円債とは、日本以外のマーケットで、居住者、非居住者に関係なく円建てで発行された債券のことをいいます。そもそも、その通貨が公式通貨となっている国以外で流通している通貨を、ユーロマネーと呼びます。このユーロマネーを対象にした各種の取引で構成されている市場をユーロ市場といい、そのユーロ市場で発行された円建債がユーロ円債です。

「ユーロ」という名前がついていますが、欧州通貨のユーロとは何の関係もなく、そもそもユーロ市場の始まりが、ヨーロッパに流出した米ドル市場（ユーロドル市場）であったことに由来するものです。

円建ての外債には、米国で発行されたヤンキー債が少なからず存在しました。またアジアをターゲットとしたユーロ円債をアジア円債と呼んだ時期もありました。

(4) デュアルカレンシー債

ここまでで説明した外国債券は、利払いや償還などが単一の通貨で行われることを前提としていましたが、それらが異なる通貨で行われる債券もあります。それがデュアルカレンシー債です。デュアルカレンシー債とは、異なる2種類の通貨が、元本の払込み、利払い、償還のいずれかに支払われる債券です。

先物の為替予約を使うという仕組みを含んでいることから、一般に仕組債に分類されることもありますが、ここでは、償還などの際に外貨がからむという観点から、この節で取り上げます。

日本の個人投資家向けに販売されている主なデュアルカレンシー債は、払込み→円建て、利払い→円建て、償還→外貨建て、のタイプが一般的です。このタイプだと、利払いの部分だけは為替リスクを負っていないということになります。一方で、リバース・デュアルカレンシー債というのもあります。たとえば、払込み→円建て、利払い→外貨建て、償還→円建て、といったタイプで、元本の通貨と利払いの通貨が異なります。

債券発行時の購入資金とクーポンの受け取りが日本円、償還のみがドルで行われる例で、詳しく説明していきましょう。通常の場合、クーポンは同じ発行体が発行する固定利付債よりも高く設定します。一方、償還はそのときの為替レートが債券全体の最終的な利回りに大きく影響してきます。

Ⅱ 債券の種類と仕組み

表2-2 デュアルカレンシー債と固定利付債の投資家から見た条件

	デュアルカレンシー債	固定利付債
投資資金	100億円	100億円
クーポン	5％ (円貨払い：5億円)	3％ (円貨払い：3億円)
償還金額	0.97億ドル	100億ドル
投資家利回り	?	3％

表2-3 デュアルカレンシー債のキャッシュフロー

現在の為替レート　　　　　　　$1 = ¥100
5年後の先物為替予約レート　　 $1 = ¥ 85

<固定利付債>
(単位：億円)

現在	1年後	2年後	3年後	4年後	5年後
▲100	3	3	3	3	103

<デュアルカレンシー債>

現在	1年後	2年後	3年後	4年後	5年後
▲100	5	5	5	5	5＋$97million
▲100	5	5	5	5	5＋82.45=87.45億円 ($97mil ×85=82.45)
→IRR＝1.8％					
▲100	5	5	5	5	5＋89.4=94.4億円
→IRR＝3％					($1 = ¥92.16)

　賢明な読者は、キャッシュフローを引いて IRR を計算し、固定利付債のクーポンと比べてみたらどうかと考えると思いますが、まさにそこが、この債券のポイントとなります。

　つまり、これまでの例のように、首都食料が発行する5年ものの固定利付債が、3％の投資家利回りで発行されるとすれば、少なくとも5年ものの先物為替予約を使ってドルの償還金を円にスワップし、そのキャッシュフローをもとに計算した円ベースの IRR が3％でなければなりません。たとえば、表2-2の条件と表2-3のキャッシュフローを見てください。

表2-2および表2-3では、償還のときのドルの受取金額が0.97億ドルとなっています。そして、現時点での5年後の先物為替予約レートが1ドル=85円となっています。

仮に、現在の為替レートが1ドル=100円とすると、マーケットは5年間で15円、円高が進むと予測しているといえます。

また、デュアルカレンシー債を詳しくみると、5％のクーポンがつくことになっています。ドルの償還金を先物為替で円に引き直してIRRを計算すれば、表2-3から投資家利回りは1.8％にしかならないことがわかります。

もしこのままで、3％の利回りを確保するとすれば、償還時には89.4億円の償還金を受けとることになります。ところが、実際は0.97億ドルしか償還されませんので、このデュアルカレンシー債が想定している3％の最終利回りが得られる5年後の為替は89.4億円÷0.97億ドルという計算をすれば、92円16銭となります。

これは、この債券が3％の最終利回りを確保できる5年後の為替が、5年後の先物為替レートとスポットレート（今日の為替レート）の間に来るように設定してあることを意味します。したがって、もし5年後の実際の為替レートがこのレートより円安であれば、円建ての償還金額は89.4億円を上回ります。結果的に最終利回りは3％を上回ることになります。逆に、このレートより円高になれば、3％を達成できなくなります。

7　その他債券

(1) 資産担保証券

債券には、ここまで取り上げてきたもの以外にも多くの種類があります。

まず、資産担保証券(Asset Backed Securities：ABS)を紹介

しましょう。

資産担保証券は，読んで字のごとく，企業が保有する特定の資産(アセット)を裏付け担保とした証券のことをいい，特定社債とも呼ばれます。

より具体的な仕組みとしては，一般的には，企業が特定の資産をSPC(Special Purpose Company：特別目的会社)に譲り渡すことによって，その資産を企業から切り離し，SPCがその資産からのキャッシュフローを裏付けに証券を発行します。

このような手法を一般に「証券化」といい，ABSのほかABCP(資産担保コマーシャルペーパー)などを含めた証券化された商品を総称して「証券化商品」といいます。

企業側から見ると，従来は資金の調達はその企業自身の信用力に依存していましたが，証券化によって，特定の資産を企業から切り離し，資産全体を信用力の源泉とすることによって，高い信用力と直接金融を中心とした資金の調達が可能になるのです。

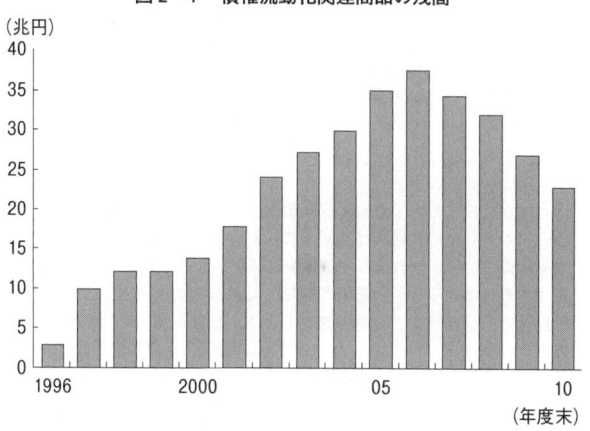

図2-4 債権流動化関連商品の残高

(資料) 日本銀行『資金循環統計』

ABSを含む証券化商品の市場規模は、日本銀行が発表している「資金循環統計」の「債権流動化関連商品」の残高で概ね捉えることができます。これを見ると、資産流動化法が施行された2000年以降急速に市場規模が拡大してきたことが分かります。ただし、06年をピークとして、その後は米国のサブプライムローン問題をきっかけとした金融危機の影響などから残高は

COFFEE BREAK
サブプライムローン問題

サブプライムローン問題とは、米国における信用力が劣る「サブプライム層」と呼ばれる人々向けの住宅ローン(サブプライムローン)が大量に焦げ付き、このローンを裏付けとした証券化商品の価格下落によって金融機関が巨額な損失を被ったことから、世界的な信用収縮や流動性不安にまで発展した一連の問題の総称です。

米国では、住宅価格の上昇を前提に2000年代になってサブプライムローンの残高が急増しましたが、住宅価格の上昇が頭打ちとなったことで、サブプライムローンの延滞率が急速に上昇し始めました。

日本であれば、金融機関の不良債権問題となり、国内問題にとどまるところです。ところが、米国では住宅ローンを証券化して投資家に売却するのが一般的となっており、米国のMBS(住宅ローン担保証券)や他の証券などとともに束ねられて再証券化されたCDO(債務担保証券)は世界中の投資家に売却されてきました。したがって、主にこれらの証券化商品を購入してきた金融機関傘下のSIV(投資ヴィークル)やヘッジファンドは、価格下落によって多額の損失を被ることとなりました。

SIVはABCP(資産担保コマーシャルペーパー)などで資金調達をしていますが、損失拡大による破綻懸念からから借り換えに支障をきたすようになり、ABCP残高は急減しました。SIVが資金調達難から実際に破綻に追い込まれれば、その損失はスポンサーである金融機関に飛び火することから、金融機関の損失拡大懸念や信用不安につながり、問題は信用収縮懸念や短期金融市場での流動性逼迫にまで発展することとなったのです。こうした状況下、2008年9月の米大手金融機関リーマン・ブラザーズの破綻(リーマン・ショック)をきっかけに世界的金融危機と世界同時不況につながりました。元FRB議長のグリーンスパン氏の発言を受けて、「100年に一度の危機」ともいわれます。

減少傾向となっています。

　以下では，対象資産で分類した代表的な ABS を挙げておきます。

　①金銭債券 ABS　リース料債権，クレジット債権（自動車ローン債権，カード債権など），売掛金債権など

　② RMBS (Residential Mortgage Backed Securities)　住宅ローン債権等を裏付けにした ABS

　③ CMBS (Commercial Mortgage Backed Securities)　商業用不動産，本社・支店ビル，工場またはそれらに対するローンを裏付けにした ABS

　④ CDO (Collateralized Debt Obligation)　複数の社債や企業向けローンを裏付けとした ABS

(2) 仕組債

　仕組債とは，普通の債券と異なり，デリバティブを使って利率や償還額などが変動する仕掛けが内蔵されている債券のことを指し，通常，規制の少ないユーロ市場で発行されています。ここでは，以下の3つに分類されるような代表的な仕組債を紹介しながら，具体的に見ていきましょう。

　①　変形キャッシュフロー債
　②　インデックス債
　③　オプション付随型債

　ステップアップ債　①の変形キャッシュフロー債は，満期までのキャッシュフローを調整するもので，償還元本は変動しません。ステップアップ債は，変形キャッシュフロー債の代表的なもので，当初のクーポンは市場の金利より低く設定されていますが，一定期間を越えると，クーポンが高くなっていく債券です。また，逆に当初のクーポンが実勢より高く設定されていて，一定期間後にクーポンが下がる仕組みを持つステップダウン債もあります。

日経平均連動債(日経リンク債)　次に，②のインデックス債です。インデックス債は，その債券の償還元本やクーポンが，株価，金利，為替などインデックスに連動して変化する性格を持ちます。たとえば，株価指数に連動する債券には日経平均連動債(日経リンク債)があります。日経リンク債の基本的な仕組みは，固定利付債または変動利付債に日経平均株価に関する約束ごとをつけて発行するというものです。

より具体的には，現在の日経平均をはじめに，5年後の満期日までにあらかじめ定められた価格(ノックイン価格)を下回らなければ，満期には元本が償還されるものの，期間中に一度でもノックイン価格を下回ってしまうと，満期日における日経平均株価をもとに償還価格が決められてしまうのです。また，ノックイン価格を下回っている場合のみ元本が保証されるという，逆のパターンもあります。

この債券の基本的な仕組みは，発行に際し，日経平均株価指数のプットオプションをオプションマーケットで売り，そのプレミアムを年限で案分してクーポンの支払いに加えるという簡単なものですが，プットを売るために償還価格はゼロになる可能性もあるというものです。

他社株転換社債(EB 債)　株価指数ではなく，個別の株式に日経リンク債と同じような仕組みのオプションをつけたのが他社株転換社債(EB 債)で，③のオプション付随型の仕組債に該当します。オプション付随型仕組債とは読んで字のとおりですが，各種のオプションがついた債券のことを指します。

この EB 債は約束どおり，ノックイン価格を下回らなければ現金で償還されるものの，一度でもノックイン価格を下回ると，投資家には含み損の発生している株式が受け渡されるという元本リスクがあります。この対象となる株式は，この債券の発行体とは無関係に設定されるので「他社株」といいます。

コーラブル債　通常のユーロ債の残存期間中に，発行体のオ

プション(選択権)で満期が来る前に償還できる権利のついた債券です。投資家は,満期の前に償還を請求する権利を発行体に売っている形になっているので,そのプレミアム分,投資家が受け取るクーポンは若干高めに設定されます。このコーラブル債とは逆に,プッタブル債は,投資家のオプション(選択権)で満期が来る前に債券を償還できる権利がついています。

　この仕組み債は,各利払い時に,債券を額面で売却(満期前の償還)でき,流動性が付加されています。先ほどの繰り返しになりますが,EB債(他社株転換社債)は,発行体が任意で償還金の支払いをあらかじめ決められた株数の株式を受け渡すことを行うオプション(権利)のついた債券といえます。

[Ⅲ] 債券投資の基礎

1 　債券取引の流れ

　債券を購入しようと考えたとき，皆さんはどうしますか。
　普通，個人の投資家が債券を購入しようとするときは，最寄りの証券会社や銀行などの金融機関へ出かけて購入します。口座を開設し，おカネを払い込み，預り証を受け取って手続きは終了します。また，購入した債券は通常，金融機関へ預けます。
　機関投資家の場合もこれとほぼ同じと考えてよいでしょう。まず約定ですが，機関投資家の場合電話で行われます。活発に投資をしていれば，その日の相場状況，金利見通しなどを証券会社の担当者が連絡してきてくれますから，そのときの債券の値段をチェックしてその時点での場の値段で約定するか，指し値を出して待ちます。指し値とは，自分の買いたい値段をあらかじめ連絡しておいて，その値段で取引ができるまで待つことをいいます。もちろん買うときの指し値は，その時点でのマーケットの値段より低い値段を差します。売るときは逆です。
　取引ができれば電話での報告がありますので，証券会社との間で書面による取引の確認を行います。このときに，決済に関する事項の確認も行われます。主な確認事項は，債券そのものの保管場所，資金決済の方法です。
　ほとんどの場合，機関投資家が取り扱う債券は登録債ですので，債券の保管場所は「登録機関」になります。
　資金の決済は，通常，投資家の取引銀行と証券会社の取引銀行の間で行われます。

2 　債券の売買と市場

(1) 市場とは
　私たちが売買する債券は，どのようにして世の中に出てくる

のでしょうか。

　個人が債券を売買する際に一般的に利用するのは証券会社でしょうが,証券会社はお客さんが希望している債券を常に在庫として持っているわけではありません。債券の種類だけでも前に述べたとおり大変な数がありますし,同一種類の債券,同一の発行体でも,発行されるときの条件(期間,利率など)が違えば同一債券とはいえません。膨大な数の債券が世の中に出回っているのです。

　町の書店を思い浮かべてください。多く書店に並んでいるのは,最新の雑誌や文庫などいわば「売れ筋」です。昔発行された専門書などは,書店ですぐに手に入ることはめったにないでしょう。これと同じで,証券会社も「売れ筋」である最新の債券,すなわち最近発行された債券をとりあえず在庫とし,それ以外の債券は証券会社自身が「市場」で手当してくることになります。

　ところで債券の場合,株式や生鮮食料品のように業者が1ヵ所に集まって取引をする特定の取引所や「いちば」があるわけではありません。通常は,電話回線やコンピューターなどの通信回線で結ばれたコミュニケーション・ネットワークを市場と呼んでいます。外国為替市場もこれとよく似た形態です。

　債券市場は,大きく分けて発行市場と流通市場があります。これは株式市場の場合も同様です。

(2) 発行市場

　発行市場は,債券が一番最初に世の中に出てくるときの市場です。英語では「プライマリー・マーケット」といいます。発行される債券の種類によって,発行方式や市場の構成者などにさまざまな違いがありますが,ここでは一般的な債券発行の流れを説明したいと思います。

　発行市場の構成者も債券の種類によって異なりますが,基本

的には債券の発行体(債券により資金を調達しようとする国,地方公共団体,企業などの機関),投資家,引受会社,(債券の)管理会社の4つと考えてください。

債券の引受会社である証券会社は,常日頃から発行体の財務担当セクションと接触し,彼らの資金調達ニーズを探り出します。そして,資金調達の方法やそのタイミングについてアドバイスを行っています。

債券の発行体は,そのようなアドバイスの内容が参考になるかどうか,実際に発行した場合に的確にお客さんを見つけてきてくれるかどうかなどを判断しながら,発行する債券の幹事会社を決めます。

幹事会社は債券の引受会社のリーダーとして,債券の発行条件や発行のタイミングについて投資家の希望を発行体に伝え,条件が決まります。発行条件としては,公募(広く一般的に投資家を募る発行方法)か私募(ごく限られた投資家にのみ販売する発行方法)か,債券の期間(償還年限),利率,発行する際の価格などがあります。

こうして条件が決まり,発行された債券は,すぐさま引受会社によって投資家に販売されます。一部は証券会社が販売用の在庫として保有することもありますが,それらも程なくして売りさばかれます。証券会社が長期間保有することは,ほとんどありません。

また,債券が販売されたとはいっても,その現物(有価証券であることを証明する証書)は保護預かりとなるか,もしくは最初から現物そのものが存在しない登録債であることが多いため,現金のように債券そのものが投資家の手元に届くことはまれです。登録債とは,債券の表す権利義務関係を登録機関に登録することで現物を保有しているのと同じと見なされる制度に基づく債券です。

ちなみに発行時の債券の価格は,100円を基準(パー)として,

それを越えている場合をオーバーパー発行，下回っている場合をアンダーパー発行と呼びます。

(3) 流通市場

　流通市場は，いったん発行された債券(既発債)がそれまでの所有者(投資家)から別の所有者に転売される際に利用される市場です。英語では，「セカンダリー・マーケット」といいます。債券の流通市場はほとんどが店頭市場です。

　償還年限や利率などの条件は発行後も変わりませんが，価格は変動します。景気など，世の中の環境の変化や，発行体の信用状態の変化によって，既発債の価格は投資家の需要と供給の関係を通じて変化します。しかし，個別の業者ごとに相対で取引が行われるとはいっても，同一の時間に行われる取引の条件が大きく異なることはありません。流通市場で既発債の売買を活発に繰り返す活動的な投資家の場合，複数の業者に希望する債券の値段を聞いて，最も安く(高く)債券を売って(買って)くれる業者と取引しようとするでしょう。市場ですから，まさにそこには競争原理が働いているわけです。

　また情報提供技術の発達によって，そうした債券の取引価格は，ロイターやブルームバーグといったいわゆる「情報ベンダー」の提供する情報端末の画面で一目瞭然となっています。日本証券業協会の提供する店頭基準気配値や，日本相互証券(Broker's broker，略してBB：債券取引業者同士の取引を仲介するブローカー)の最終取引利回りであれば，一般紙でも目にすることができます。

　発行市場と同じく，流通市場においても日本国債が大きな取引シェアを持っています。

3 利回りの種類

(1) 単利と複利

利回りとは，投資元本に対する収益の割合のことで，債券投資を行ううえで重要な尺度となります。今まで本書では，利回りの話は基本的に複利でお話ししてきました。第Ⅰ章2の(3)で時間の概念をお話ししたとき，IRRを使って複利の利回りをまず説明しました。したがって，今後も特にお断りしない限り，利回りの話は複利が使われていると考えてください。

現在，利回りといえば，ほとんどの先進国では複利を指しますが，日本ではまだ単利も比較的よく使われています。ここでは今まであまり説明してこなかった単利について一通り触れておきます。

複利と単利はどこが違うのでしょうか。メリット，デメリットはどのような点にあるのでしょうか。

複利と単利の根本的な違いは，複利が時間の概念を取り入れているのに対し，単利はそれを取り入れていないことにあります。また一方で，複利には再投資の問題があります。

複利は，時間の概念を取り入れていることから，単利より利回りを正確に表すことができますが，その分計算が煩雑で，専門の電卓かパソコンが必要です。一方単利は，複利ほど正確ではありませんが，そろばんや普通の電卓で簡単に計算ができます。

(2) 直 利

直利は，クーポンを購入価格で割ったものです。たとえば以下のように計算します。

表3-1ではクーポン5％，購入価格90としていますから，

5％÷0.9＝5.56％

Ⅲ 債券投資の基礎

表3-1 首都食料㈱固定利付債

クーポン	5%
購入価格	90
償還価格	100
満期	5年

と計算し，5.56%が直利となります。

直利も単利同様日本では重要な概念の一つですが，欧米では日本ほど重要視されていません。では，直利というのは日本ではどういうときに使うのでしょうか。

たとえば，今あなたはある金融機関の運用担当者で，毎年5%以上の配当を自分の運用しているファンドから行わなければならないとします。この場合，一番簡単な方法は，ファンドの中身をすべて5%以上の直利が得られる債券にしてしまうことです。

こうしたうえで，各債券の残高を用いて加重平均したファンド全体の直利が5%以上になるようにすれば，ファンドの元本を減らすことなく5%の配当を払うことが可能になります。このように，新たに購入する債券の購入条件として直利はよく使われます。ただし，直利をある一定以上に保つことが，任されたファンドのパフォーマンスをベストにすることと，必ずしも同じでないところが問題となります。もう少し詳しく見てみましょう。

(3) 最終利回り，応募者利回り

直利の問題点は，以下のような場合に起きます。

表3-2において，ケースA，ケースB，ケースCは直利という点では全く同じです。では，実際にはどの債券を購入すればよいのでしょうか。キャッシュフローベースに引き直してIRRを計算してみました。結果は以下のとおりです。

表3-2　直利と最終利回り

	ケースA	ケースB	ケースC
クーポン	5%	5.5%	4.5%
購入価格	100	110	90
償還価格	100	100	100
満期	5年	5年	5年
直利	5%	5%	5%
満期までのIRR（複利の最終利回り）	5%	3.3%	5.7%
単利の最終利回り	5%	3.2%	7.2%

$$P = C/(1+r) + C/(1+r)^2 + C/(1+r)^3 + C/(1+r)^4 + (C+M)/(1+r)^5$$

ただし,

P＝購入金額(額面×購入価格)

C＝受取金額(額面×クーポン)

M＝償還金額(額面×償還価格；償還価格は通常100円)

r＝IRR(複利の最終利回り, または複利の投資家利回り)

この式に表3-2のケースCの場合を当てはめると, 以下のとおりです。

$$90 = 4.5/(1+r) + 4.5/(1+r)^2 + 4.5/(1+r)^3 + 4.5/(1+r)^4 + 104.5/(1+r)^5$$

rをパソコンを用いて求めると, r＝5.7％となります。

ケースA, ケースBの結果も表3-2のとおりです。

この例からも明らかなように, 直利は同じでも, 5年間のIRRは3.3％から, 5.7％までの開きが出てきます。したがって, もし選択の余地があるのであれば, 間違いなくCが一番よい選択になります。このように, ある債券の償還までのキャッシュフローを用いてIRRを計算すれば, 購入時点でのベストの選択が可能になります。また, 購入した債券の購入から償還

III 債券投資の基礎

表3-3 単利と複利

〈前 提〉
購入価格　　60
償還価格　　100
年　限　　　5年, 10年, 20年

	単利(a)	複利(b)	(a)／(b)
5 年	13.3%	10.8%	1.24
10 年	6.7%	5.2%	1.27
20 年	3.3%	2.6%	1.29

までのIRRを、通常複利の最終利回りといいます。

次に単利の最終利回りの計算の仕方について説明します。

単利の考え方は、直利の考え方、つまりクーポンを購入価格で割ったものに、購入価格と償還価格の差を年限で割り、さらにそれを購入価格で割ったものを加えて計算するというものです。計算式は以下のとおりです。

クーポン÷購入価格＋{(償還価格－購入価格)÷年限}
　　÷購入価格
→{クーポン＋(償還価格－購入価格)÷年限}÷購入価格

さて、ここで単利と複利の違いについて数字を使いながらもう少し詳しく説明しましょう。話を簡単にするために、ゼロクーポン債で考えることにします。表3-3を見てください。

さあ、なかなかおもしろい結果になりました。まず、最初に気がつくのは、単利のほうがすべてのケースで利回りが高くなるということです。また、年限が長くなればなるほど、差が大きくなるという結果も出ています((a)／(b)参照；20年では29％もの差が出ています)。

では、いつでも単利のほうが利回りは大きくなるのでしょうか。表3-2の最後の行を見てください。この例では、ケースBのときに単利のほうが複利より小さくなっています。BとCの2つのケースの違いは、購入価格が償還価格を下回っている

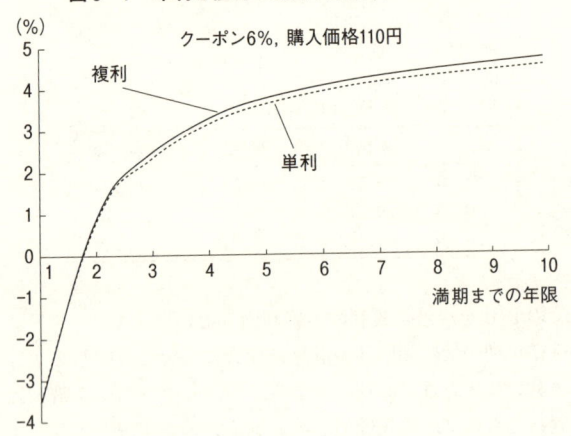

図3-1 単利と複利の利回り比較(オーバーパー)

クーポン6%, 購入価格110円

か,上回っているかということです。購入価格が償還価格を下回っているときは,単利のほうが利回りは大きくなり,逆に購入価格が償還価格を上回っているときは,単利のほうが小さくなります。

先に述べたように,購入価格が100より小さい場合をアンダーパー,100より大きい場合をオーバーパーといいます。また,ちょうど100の場合をパーといいます。

この表現を使えば,通常償還価格は100ですから,オーバーパーのときは単利のほうが利回りは小さく,アンダーパーのときは単利のほうが利回りは大きく計算されます。

参考までに,図3-1と図3-2に,それぞれオーバーパーのときと,アンダーパーのときに単利,複利で債券の利回りがどのように変化するかを,満期1年から10年まで計算しグラフ化してあります。

債券の年限が長くなればなるほど利回りの差が大きくなるのは,年限が長いほど時間の概念の与える影響が大きいからだと考えられます。単利は満期までの間,再投資については金利が

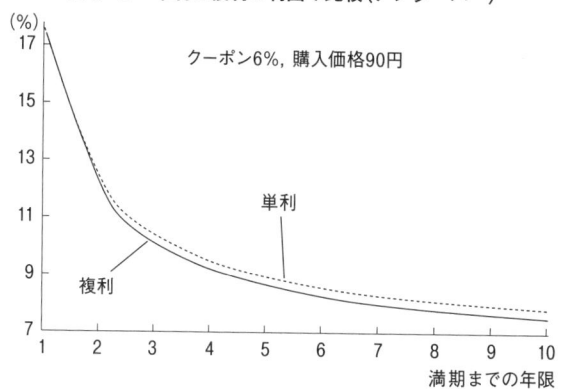

図3-2　単利と複利の利回り比較(アンダーパー)

クーポン6%, 購入価格90円

0であるという前提で利回りを計算しているのと同じですから，20年，30年という満期の長い債券を考えるときは，通常の金利情勢下では複利を用いたほうがより正確といえます。

最後に，利回りを比較するとき忘れてならないのは，単利を使うにしろ，複利を使うにしろ，どちらか一方に統一して使うべきで，決して両方が混在する形で比較しないことです。

次に，応募者利回りの話をしましょう。

債券を購入したときから償還までの利回りが，最終利回りです。これは，通常既発債マーケットで債券を購入した場合の償還までの利回りです。応募者利回りというのは，計算式は全く同じなのですが，最終利回りの購入価格のところに応募者価格を入れて計算したものということができます。

応募者価格というのは，通常債券が発行されるときに使われる発行価格と同じで，債券が発行されるときに投資家が債券を購入する価格です。

さあ，次は所有期間利回りの話です。

(4) 所有期間利回り

所有期間利回りという概念は,読んで字のごとくある債券を所有していた間の利回りということになります。では,今までの最終利回りや応募者利回りとどう異なるのでしょうか。

結論からいえば,最終利回りの償還価格のところに転売価格を入れればよいということになります(62ページの複利の最終利回りの計算式でMの部分に転売価格を入れる)。つまり,購入から転売までのキャッシュフローをベースに IRR を計算したものということができます。また,単利であれば,63ページでつくった計算式の償還価格のところを転売価格で置き換えればよいわけです。

さあ,概念も計算式もわかりましたが,所有期間利回りというのは今までの利回りと実は基本的に異なる点もあります。

最終利回りにしろ,応募者利回りにしろ,計算をする時点ではあくまでも予想の利回りにすぎません。ところが,所有期間利回りは転売した後に計算するものですから,投資結果としての利回りとなります。したがって,予想利回りではなくて確定ベースの利回りになります。

ファンドのパフォーマンス計算については,いろいろな方法がありますが,基本的にはこのような所有期間利回りを応用して計算するものと考えてください。

4　金利との関係

(1) 金利の動きと投資判断

さあ,今までは金利は動かないという静的(スタティック)な世界でしたが,この節から現実の世界により近い動的(ダイナミック)な世界に移行します。

今までも説明してきたとおり,相場の世界というのは「一寸先は闇」ですから,金利の動きが的確に予想できる世界という

のはあり得ないわけです。もし仮に金利の動きが的確に予想できるとすれば,今までの議論はかなり異なったものになってくる可能性があります。

たとえば,簡単な例として,債券を購入するときの判断は,今までのケースであれば,最終利回りを使って行ってきたわけですが,もし金利の動きが正確に予測できるとすれば,最初から所有期間利回りを使って判断できるかもしれません。具体的な例を使って説明しましょう。

所有期間利回りの計算

ここであなたは,ある投資顧問会社の若手ファンドマネジャーだとします。しかも10年先までなら金利の動きが100%予測できるという恐るべき能力を持っているとします。普通ならこういう場合,自分の会社をつくって独立するという選択肢もあるのですが,議論のため,今はそうしないという仮定を加えます。

さて,あなたは今10年ものの債券を購入しようとしています。また,あなたの超能力によれば,債券を売らなければならないときが5年後に来て,そのときの5年ものの債券の最終利回りは4%であるとします。現時点での10年ものの債券の最終利回りは6%,また5年ものの最終利回りは5%です。

もう少し整理しますと,現在の5年ものの債券の最終利回りが5%で,5年後の5年ものの債券の最終利回りが4%ですので,この5年の間に金利が1%低下するという設定です。

しかもあなたは10年ものの債券を今購入し,5年後に売却するわけですから,今購入しようとしている10年ものの債券は,5年後は,そのときに満期5年の債券と全く同じキャッシュフローを持っていることになります。したがって,今購入しようとしている10年ものの債券は,5年後には5年ものの債券と同じように扱うことが可能です。このことは何を意味するかといえば,今購入しようとしている10年債の,5年後の,5年後か

表3-4　クーポンと所有期間利回り（金利が低下する場合）

〈前 提〉
購入債券　満期10年，最終利回り6％
5年ものの債券利回り
　　現在の最終利回り　　　5％
　　5年後の最終利回り　　4％

	債券A	債券B
クーポン	4％	8％
購入価格	85.3	114.7
現時点の最終利回り	6％	6％
5年後の転売価格	100	117.8
5年間の値上がり	14.7	3.1
所有期間利回り	7.7％	7.4％

ら満期までの最終利回りは，5年後に新たに発行される5年債の最終利回りに等しくなるということです。

　これらを勘案すれば，今購入しようとしている10年ものの債券の5年後の売却価格は，10年ものの債券の残り5年間のキャッシュフローをそのときの5年ものの債券の最終利回りを用いて計算した，5年後の現在価値の合計に等しくなります。

　したがって，今購入しようとしている10年債の今後5年間の所有期間利回りは，5年後の売却価格と現在の購入価格を用いて計算できます。

　いかがですか。一気に説明しましたので，完全に理解できていないとお考えの方は，もう一度ゆっくり読み直して表3-4を見てください。

　さあ，債券Aは4％という低めのクーポン，債券Bは8％という高めのクーポンがついた債券です。それぞれの債券の購入価格は85.3と114.7で，現時点での最終利回りはどちらも6％です。今までの議論であれば，どちらを購入してもよいわけですが，5年後に金利が低下するということがあらかじめ分かっているという前提で今どういう判断をするかということです。

Ⅲ 債券投資の基礎

表3-5 クーポンと所有期間利回り（金利が上昇する場合）

〈前提〉
購入債券　満期10年，最終利回り6％
5年ものの債券利回り
　　現在の最終利回り　　5％
　　5年後の最終利回り　8％

	債券A	債券B
クーポン	4％	8％
購入価格	85.3	114.7
現時点の最終利回り	6％	6％
5年後の転売価格	84	100
5年間の値上がり	▲1.3	▲14.7
所有期間利回り	4.4％	4.6％

　5年後には現在購入しようとしている10年債も満期までの期間が5年になりますので，その時点では5年ものの債券として扱うことができます。したがって，現在購入しようとしている10年債の5年後の満期までの最終利回りは，そのときの5年債の最終利回りに等しくなければなりません。

　前提では，この利回りが4％ということですので，10年債の残った5年間のキャッシュフローを4％で割り引いて現在価値を求めれば，A，Bそれぞれ，100と117.8になります。Aについてはクーポンが4％ですから計算するまでもありませんが，Bについてはもしパソコンをお持ちであれば，計算してみてください。

　さあ，これで5年後のA，B両方の債券の転売価格を計算できたことになりますので，所有期間利回りを計算することができます。これを計算すると，Aが7.7％，Bが7.4％になります。したがって，Aを購入したほうが5年間の所有期間利回りはよいことになります。

　金利が低下するときは，最終利回りが同じでもクーポンの低いほうが有利であることが分かりました。これを使って推論す

れば、金利が上昇するときは、クーポンの高いほうが有利となるはずです。これを実証したのが表3-5です。

このケースでは、5年後の5年債の最終利回りが8％に上昇することにしてありますが、予想どおり所有期間利回りでBがAを上回っています。

金利に応じて投資

さて、ここで以上の結果をもう少し深く考えてみましょう。

まず、金利低下局面で、なぜクーポンの低い債券のほうが有利なのでしょうか。

この議論をする場合には、クーポンの再投資が大きな影響を持っています。まず、先ほどの例で債券Aの場合、5年間で再投資されるクーポンは100億円の元本で考えれば、4億円の5倍ですから20億円になります。一方で債券Bの場合、その金額は、8億円の5倍ですから40億円になります。

これらのクーポンが、当初予定されていた利回りの5％で再投資されて初めて5％の最終利回りが得られることになっていたわけですから、金利が低下すれば、当然、この前提は達成できません。このとき、より大きな影響を受けるのが、再投資される金額が多い債券Bであることは議論の余地がありません。この結果、金利低下局面では、金利の低い債券のほうがより有利なわけです。

反対に金利が上昇するときは、債券Bのほうが、より高い利回りで、より多くのクーポンを再投資できますから、クーポンの高い債券のほうが有利になるわけです。

結論です。金利が上昇すると予想されるときはクーポンの高い債券に、また金利が低下すると予想されるときはクーポンの低い債券に投資したほうが有利だということが分かりました。

満期との関係

では、債券を購入するにあたってほかに考慮する点はないのでしょうか。クーポンと並んでファンドのパフォーマンスに大

III 債券投資の基礎

表3-6 満期と所有期間利回り(金利が低下する場合)

〈前提〉
債券A クーポン6%, 満期10年
債券B クーポン6%, 満期7年
最終利回り
　現時点　6%（A, B共に）
　5年後　4%（A, B共に）

	債券A	債券B
満　　期	10年	7年
クーポン	6%	6%
購入価格	100	100
現時点の最終利回り	6%	6%
5年後の最終利回り	4%	4%
5年後の転売価格	108.9	103.8
5年間の値上がり	8.9	3.8
所有期間利回り	7.5%	6.7%

きな影響を与えるものが債券の満期です。では今までの例にならって、満期についても金利との関係を見てみましょう。

まず、満期の異なる債券として10年債と7年債を考えます。話を簡単にするために、購入時の10年債と7年債の最終利回りは、どちらも6%とします。また、5年後の5年債と2年債の最終利回りは4%とします。

以上の前提をおいて、10年債と7年債の金利低下局面における今後5年間の所有期間利回りについて計算したものが、表3-6です。

さあ、いかがですか。金利低下局面においては、満期の長い債券が満期の短い債券を、5年間の所有期間利回りで上回っています。したがって、金利が低下していく局面では、満期の長い債券を購入するほうが有利なことが分かります。

では、金利が上昇するときの例を見てみましょう。

5年後の5年債と2年債の最終利回りは、どちらも8%で計算します。表3-7を見てください。

表3-7 満期と所有期間利回り(金利が上昇する場合)

〈前 提〉
債券A　クーポン6%,満期10年
債券B　クーポン6%,満期7年
最終利回り
　現時点　6%（A,B共に）
　5年後　8%（A,B共に）

	債券A	債券B
満　期	10年	7年
クーポン	6%	6%
購入価格	100	100
現時点の最終利回り	6%	6%
5年後の最終利回り	8%	8%
5年後の転売価格	92	96.4
5年間の値上がり	▲8	▲3.6
所有期間利回り	4.5%	5.4%

　金利上昇局面では，Bの所有期間利回りがAを上回っています。したがって金利上昇局面では，満期の短い債券を購入するほうが得策です。

　ここでもう少しこの点について深く考えてみましょう。

　まず，債券の満期と債券価格の一般的な考察から始めます。

　通常，債券の値段は満期が来れば100円に戻ります。なぜならば，満期に100円で償還されるからです。

　今，債券A（満期10年，クーポン6%）について考えるとして，すべての年限で最終利回りが4%で，この金利が10年間満期まで変わらないとすれば，この債券の値段は10年の間に116円から徐々に100円に近づいていきます。このとき，満期まで5年のときと，2年のときとでは，2年のときのほうの値段がより100円に近く，かつ2年のときの値段が5年のときの値段より低いはずです。この様子をグラフ化したのが，図3-3の最終利回り4%のグラフです。

　同様に，最終利回りが8%のときは，この債券の値段は10年

Ⅲ 債券投資の基礎

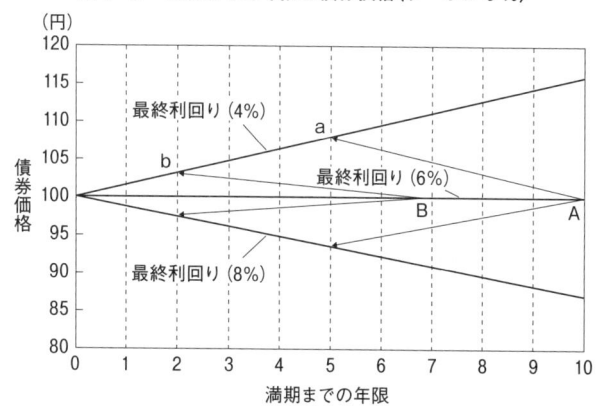

図3-3 満期までの年限と債券価格(クーポン6%)

の間に87円から徐々に100円に近づいていきます。このときでも、満期まで5年のときと2年のときとでは、2年のときの値段がより100円に近く、このときは、2年のときの値段が5年のときの値段より高いはずです。この様子をグラフ化したのが、図3-3の最終利回り8%のグラフです。

ちなみに、最終利回りが6%のときは、この債券の値段は満期まで100円になります(同様に最終利回り6%のグラフ)。

ここまでは、お分かりでしょうか。

では先ほどの例でもう一度詳しく見てみましょう。

同じ6%クーポンの債券で10年債と7年債の比較でした。5年後に比較するわけですが、その時点で、10年債は残り5年の債券、7年債は残り2年の債券になります。この結果、7年債のほうが、5年経過した時点でより満期に近くなりますので、今までの議論のとおり、その価格は10年債より、より100円に近くなることが分かります。

これは、そのときの金利が6%より高い場合でも、また、低い場合でも2年債のほうが5年債に比べ、同じ金利変動に対し

表3-8　金利変動とクーポンおよび満期
（所有期間利回りベース）

(単位：％)

	金利低下局面	金利上昇局面
高クーポン	7.4	4.6
低クーポン	7.7	4.4
長 期 債	7.5	4.5
短 期 債	6.7	5.4

価格変動が少ないことを意味します。

すなわち，金利が6％より低くなる場合(4％)には，5年債の価格は2年債の価格より常に高く決まってきます。いい換えれば，図3-3でaはbより常に高く決まってきますので，それぞれそのときの5年債，2年債の転売価格をもとに計算した所有期間利回りは，10年債(債券A)のほうが7年債(債券B)より常に高くなります(図3-3；A→a，B→b)。

逆に，金利が6％より高くなる場合(8％)には，図3-3が示すように2年債の値段のほうがより高く決まってきますので，そのときの2年債，5年債の転売価格をもとに計算される所有期間利回りは7年債(債券B)のほうが10年債(債券A)を上回ります。

お分かりいただけたでしょうか。この概念は，債券のポートフォリオ戦略を考えるときにきわめて重要ですから，自信のない方は再度この節を最初から読んでみてください。

今までの例で検討したケースをまとめたのが，表3-8です。

金利低下局面では低クーポンで長期債を，金利上昇局面では高クーポンで短期債を購入すればよいことが分かります。それでは次の問題です。次ページの例をごらん下さい。

AとBの債券のどちらに投資したらよいかという問題です。金利は，低下するものとします。

Ⅲ 債券投資の基礎

	債券A	債券B
クーポン	4 %	6 %
満　　期	7 年	10年

債券Aの満期が10年であれば、問題なく債券Aに投資すればよいのですが、このような判断を求められた場合、今までの説明では判断ができなくなります。

このようなケースでの判断を可能にするのが、次に説明するデュレーションです。

(2) デュレーション

デュレーションとは、英語で長さを表す名詞です。債券のデュレーションは単に長さ、つまり満期だけではなく、クーポンも含めた形での「長さ」を示します。

したがって、先ほどの例では、金利が低下するという前提ですから、債券Aと債券Bのデュレーションが分かれば、デュレーションの長いほうを購入すればよいことになります。

では、デュレーションはどうやって計算するのでしょう。順を追って説明します。

たとえば、先ほどの例で債券Aのデュレーションを計算するとします。

まず、予定される投資家利回りですが、7年債、10年債共に5％で計算するものとします。このときのx年目のときの割引率は、以下のとおりです。

x年目のときの割引率：$1 \div (1 + 0.05)^x$

各年の割引率にキャッシュフローと年の数をかけて、1年目から7年目までの和をとり、1年目から7年目までのキャッシュフローの現在価値の和で割ったものがデュレーションということになります（表3-9）。

この例では、(a)×(d)の和を(d)の和で割ったものになります。

表3-9 デュレーションの計算(7年債)

年目(a)	キャッシュフロー(b)	割引率(c)	現在価値(d)	(a)×(d)
7	104	0.71	73.9	517.4
6	4	0.75	3.0	17.9
5	4	0.78	3.1	15.7
4	4	0.82	3.3	13.2
3	4	0.86	3.5	10.4
2	4	0.91	3.6	7.3
1	4	0.95	3.8	3.8
計			94.2	585.6
デュレーション				6.2

表3-10 デュレーションの計算(10年債)

年目(a)	キャッシュフロー(b)	割引率(c)	現在価値(d)	(a)×(d)
10	106	0.61	65.1	650.7
9	6	0.64	3.9	34.8
8	6	0.68	4.1	32.5
7	6	0.71	4.3	29.8
6	6	0.75	4.5	26.9
5	6	0.78	4.7	23.5
4	6	0.82	4.9	19.7
3	6	0.86	5.2	15.5
2	6	0.91	5.4	10.9
1	6	0.95	5.7	5.7
計			107.7	850.2
デュレーション				7.9

いうまでもありませんが，ここで，(d)の和はこのときの債券の値段と等しくなります。

7年債のデュレーションは6.2でした。10年債のデュレーションはいくらになるのか計算してみましょう(表3-10)。

10年債のデュレーションは7.9です。したがって，この場合10年債を購入したほうが，金利低下のメリットをより享受する

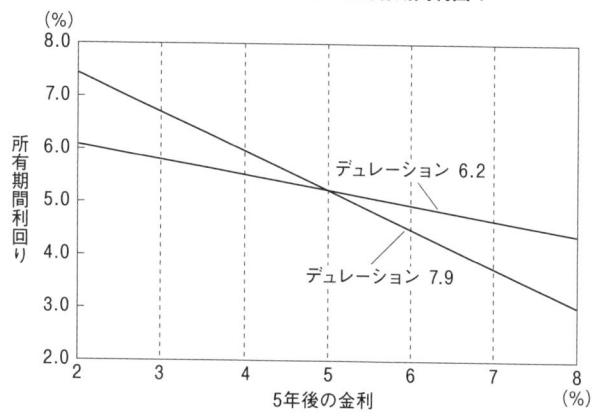

図3-4 デュレーションと所有期間利回り

ことができます。

 いかがですか。このようにデュレーションは，金利の動きに対しどのような債券を購入すべきか，またポートフォリオ全体をどのように構築すべきかを判断するときの一つの目安として利用可能です。

 たとえば，ポートフォリオ全体のデュレーションは，各々の債券のデュレーションを計算し，各々の債券の残高で加重平均することによって求めることが可能です。この結果，金利が低下することが予想される場合には，ポートフォリオ全体のデュレーションを上げることによって，金利低下のメリットをより多く享受することが可能になります。

 参考までに，表3-9と表3-10で用いた債券の5年後の，それぞれの金利に対応する所有期間利回りを計算し，図3-4のグラフにしました。想定した5％の投資家利回りで交差し，金利が上昇するときはデュレーションの低いほうが，また金利が低下するときはデュレーションの高いほうが相対的に，所有期間利回りがよいことを確認してください。

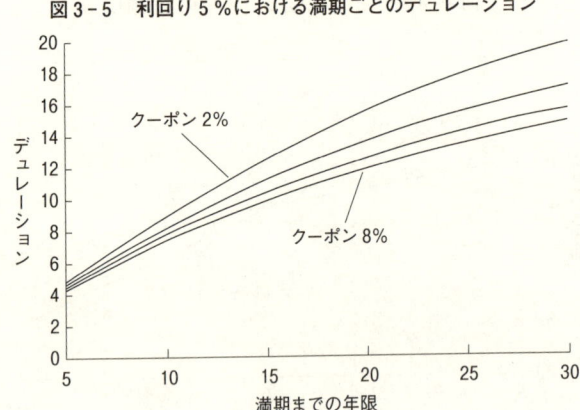

図3-5 利回り5％における満期ごとのデュレーション

(グラフ：縦軸 デュレーション 0〜20、横軸 満期までの年限 5〜30、クーポン2％、クーポン8％)

　また，図3-5では，残存年数5年から30年までの債券の，投資家利回り5％のときのデュレーションを，クーポンが2％から8％まで2％きざみで計算しグラフ化してあります。

　以上で債券投資に関する基本的な理論の説明を終え，次は近年発達が著しいデリバティブ取引について説明します。

5　債券投資におけるデリバティブの活用

(1) デリバティブとは何か

　デリバティブそのものは債券ではありません。しかし，債券をベースにしたデリバティブ取引は多いため，その概要を知っておくことは重要です。

　そもそもデリバティブとは何でしょうか。過去にデリバティブを使った取引で企業が巨額損失を被ったケースが報道されたこともあって，デリバティブ取引＝簿外取引→損失隠し→非常に危険もしくは不透明な取引，といった印象をお持ちの方も多いのではないでしょうか。

Ⅲ 債券投資の基礎

「デリバティブ」とは「派生した」という意味です。このことばが実際に金融取引で使用される場合,「金融派生商品」(Financial Derivative Products)を意味するのが普通です(英語ではDerivativesと複数型で呼ばれるのが一般的です)。もともとの金融商品(これを「原資産」といいます)に対し,そこから「派生した」商品というわけです。

原資産になり得るのは,債券だけではありません。株式,外国為替,国際商品(原油などのいわゆる「コモディティ」)に至るまで,ありとあらゆるものが含まれます。最近では,天候デリバティブや地震デリバティブなど原資産を金融商品に限らない商品も販売されています。

さて,このようなデリバティブ取引ですが,最初は見通しの定まらない将来におけるリスク(損失発生の可能性)を避ける(ヘッジする)ことから始まりました。一部にある「デリバティブ=危険なもの」というイメージとは逆に,そもそもは危険な目に遭わないための知恵だったのです。

ところが,人が危険な目に遭うのを避けるためには,考えようによってはその損失を他人に押しつける,いい換えればリスクに遭遇した場合の保証をしてもらわなければなりません。すなわち,リスクを引き受けてくれる人(リスクテイカー)が存在することによって初めてデリバティブ取引が成立するのです。

こうしたいわば保険会社の役割にも似たリスクテイカーたちは,その専門的知識によってリスクを引き受ける一方,取引の相手方,すなわちリスクをヘッジしたい人から手数料を受け取ったり,成立した取引から発生する収益そのものを儲けとするわけです。

一般的にデリバティブ取引で大きな損失が発生したケースは,専門知識のそれほどない素人がリスクテイカーの立場に立ってしまった場合や,本来のリスクヘッジの目的を逸脱した使い方をした場合がほとんどです。デリバティブは,上手に付

き合えば決して怖いものではないのです。とはいえ、デリバティブ取引は普通の取引に比べて複雑であることが多いので、その内容をよく理解することが必要になります。

デリバティブ取引は、債券などの原資産から生じるキャッシュフロー（お金の流れ）をいじることによって（ニーズがある限り）さまざまな商品をつくり出すことができます。基本的な形は、①スワップ、②先物、③オプションの3つに分類して差し支えないかと思いますので、以下、これら3つの取引を取り上げます。

(2) スワップ

スワップと聞いて皆さんは難しそうだとお考えになるかもしれませんが、実はスワップはそんなに難しい概念ではありません。この自由競争の世の中で、そんなにおいしい話はないものだというきわめて常識的なセンスさえお持ちであれば大丈夫です。

そもそもスワップという英語は、交換するという意味ですから、Aという人と、Bという人がいて、それぞれお互いに相手の持っているものが自分の持っているものと同じか、もしくはそれ以上の価値があると考えていなければ交換は成立しません。

したがって、トヨタのミニバン「ヴォクシー」と日産の同クラスのミニバン「セレナ」との交換はあり得ますが、同じ日産の乗用車でもコンパクトカーの「マーチ」と「セレナ」との交換はあり得ないわけです。

さて、毎日のスワップマーケットで車を交換しているわけではありませんので、金融の話に戻しましょう。

通常、金融の世界でスワップといえば、交換するのは取引両当事者のキャッシュフローです。契約が成立する限り何を交換してもよいのですが、最も取引の多いのは、同一通貨における

固定金利と変動金利の交換(このような単純なタイプのスワップを「プレーン・バニラ」と呼ぶこともあります)です。

スワップの使い方は多種多様ですが、債券投資にからんだスワップの使い方としては、アセット・スワップというものがあります。

たとえば、ある金融機関が取引先に変動金利型の貸付を行うつもりだったのが、相手の事情からこの取引先の社債を購入することになったとします。この社債は一般的な5年もの利付債券(固定金利)です。金融機関の資金調達は原則的に短期で行われるため、資金調達と資金運用のマッチングを考えれば、変動金利を受け取るほうがありがたい(リスクを回避できる)わけです。こうした場合、この金融機関はこの社債を購入すると同時にほかの金融機関との間に固定金利支払い・変動金利受け取りのスワップ取引を実行し、購入した社債を実質的に変動金利型の社債につくり替えてしまうという選択肢があります。それでは、固定金利と変動金利の交換から説明しましょう。

金利スワップ

最も代表的なスワップである金利スワップは、固定金利と変動金利をスワップするものです。どのように取引が行われるかといえば、たとえば「6ヵ月LIBORを5年間払い続ける変動金利の取引と、5年間一定の金利を払い続ける固定金利の取引の交換をする」といった具合に交換が成立します。もう少し具体的に説明しましょう。

図3-6で変動金利と固定金利の動きを見てください。

固定金利は5%で5年間変わりません。利払いは通常1年に1回ですから5回の利払いがあります。

一方、変動金利のほうは、最初の6ヵ月が4.1%で、その後6ヵ月ごとに0.2%ずつ金利が上昇するものとします。利払いは10回で、最後の6ヵ月の金利は5.9%になります。

今、この2つの5年間にわたる金利支払いを交換する人がい

図 3-6 変動金利と固定金利

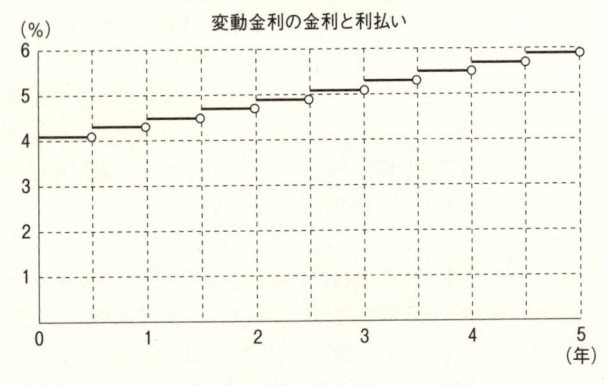

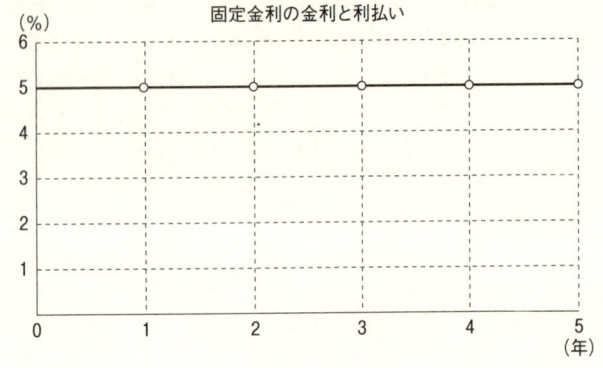

変動金利の金利と利払い

固定金利の金利と利払い

るとすれば,それぞれの価値が同じでなければならないはずです。10億円のおカネが元本だとして計算してみてください。両方ともに,2億5,000万円の利息を払うことになるはずです。したがって,両方の取引から得られる金利は等しく,この交換(スワップ)は成立することになります。

ただし,賢明な読者の皆さんはもうお気づきと思いますが,このスワップが成立するためには2つの前提が必要です。一つは,将来5年間にわたり6ヵ月ものの金利が0.2%ずつ上昇す

るということがあらかじめ分かっていること。また、以前お話しした、時間の概念を無視しなければならないことです。

今の例では、話を分かりやすくするために、6ヵ月ものの金利を5年間完全に予想することが可能であるとの前提の下に話を進めましたが、実際にもしそういうことがあれば、実はスワップなどする人はいないはずです。いろいろな人が、いろいろな金利予測に基づいて仕事をしている中で、さらに、いろいろな価値判断をする人がいて、初めてスワップは可能になるのだと思います。

ある人はこれから金利は下がるという自分の予測から、支払う固定金利は5％ではなくて4.9％でも十分だと思うかもしれませんし、またほかの人は、反対に金利は上がるという金利予測から、5％どころか5.5％でも足りないと思うかもしれないということです。

したがって、まず5年ものの変動金利の取引があり、その取引に固定ものの金利をいくら払うのかといった決まり方で、実際の金利スワップマーケットは成り立っているわけです。

キャッシュフローのスワップ

さあ、それではいよいよキャッシュフローのスワップの説明をしましょう。キャッシュフローのスワップというのは、どういう場合に使われるのでしょうか。

IRRの説明のときに、新工場建設のキャッシュフローを債券のキャッシュフローと比較したのを覚えていると思いますが、あの場合のようにキャッシュフローが一定でなく、その利回りの判断に困難が伴うときには、すべてのキャッシュフローを現在価値ベースに戻して比較してみる方法がよく用いられます。その結果、Aというキャッシュフローの現在価値とBというキャッシュフローの現在価値が等しくなれば、または、参加者の金利予測または為替予測により交換することに十分意味があるということになれば、スワップが成立するわけです。

図3-7 工場建設のキャッシュフローと為替

現在	1年目	2年目	3年目	4年目
	2,000万ドル	3,500万ドル	3,500万ドル	5,500万ドル

▲100億円

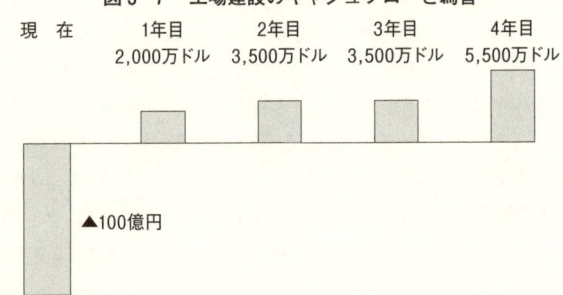

　具体例に基づいて,分かりやすく説明してみましょう。

　さて,もう一度新工場建設計画に登場してもらいましょう。

　首都食料は,工場の建設を決定しましたが,その後の円高で日本に工場を建設していたのでは,従業員の賃金などを勘案すると輸出採算が当初計画どおりには見込めないことが判明しました。急遽,役員会を開催し,計画の立地について海外も検討することになりました。

　しかし,海外で工場を建設すると,プロジェクトを検討したときに計算した現在価値を再検討しなければなりません。なぜならば,工場建設後の収益はすべて外国の通貨で支払われるからです。今,東南アジアのある国に工場を建設するとして,将来4年間の収入は,図3-7のようにドル建てで支払われるものと仮定します。

　このドル建てのキャッシュフローを日本円に換算して,現在価値に直さなくてはなりません。そこで,取引のある金融機関に相談したところ,ドルのキャッシュフローを円のキャッシュフローにスワップしてもらえることになりました。これが,為替を伴うキャッシュフローのスワップと呼ばれるものです。

　なぜそのようなことが可能になるのでしょうか。

　通常,外国為替には,先物為替予約という取引があります。

Ⅲ 債券投資の基礎

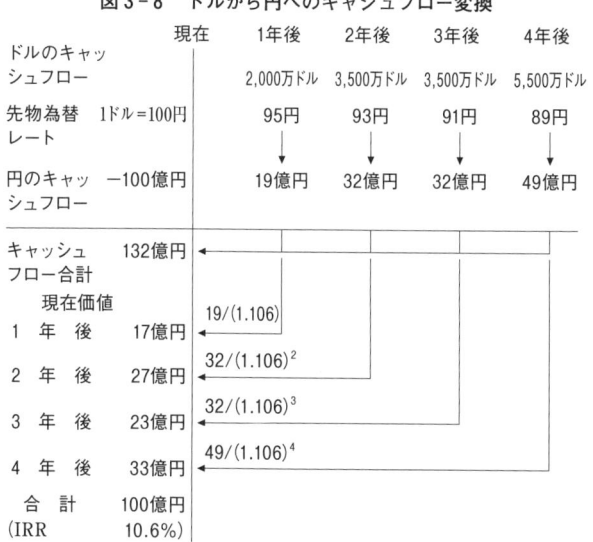

図3-8 ドルから円へのキャッシュフロー変換

	現在	1年後	2年後	3年後	4年後
ドルのキャッシュフロー		2,000万ドル	3,500万ドル	3,500万ドル	5,500万ドル
先物為替レート 1ドル=100円		95円 ↓	93円 ↓	91円 ↓	89円 ↓
円のキャッシュフロー	−100億円	19億円	32億円	32億円	49億円

キャッシュフロー合計	132億円	
現在価値		
1 年 後	17億円	$19/(1.106)$
2 年 後	27億円	$32/(1.106)^2$
3 年 後	23億円	$32/(1.106)^3$
4 年 後	33億円	$49/(1.106)^4$
合 計	100億円	
(IRR	10.6%)	

この取引は、これから1年後または2年後を取引日としてあらかじめ契約し、その取引日にあらかじめ決められた為替レートで外国為替取引を行うものです。

これを図示したものが図3-8です。

図3-8からもお分かりのように、現在の為替は1ドル100円です。1年後の先物為替レートは1ドル95円、2年後は1ドル93円、3年後は1ドル91円、4年後は1ドル89円で取引されていることが分かります。これらのレートはマーケットで取引されているレートで、大手の銀行であれば大体どこでも出してくれます。

この為替レート(先物為替レート)で、それぞれの時期にドルのキャッシュフローを円のキャッシュフローに交換してくれるわけですから、それぞれの時期における円の受取額が決まってきます。この受取額の現在価値の合計が当初投資額の100億円

に等しくなるように，IRRを計算しますと10.6%になります。

さあ，いかがですか。結局，国内の工場はIRRが7%でしたから，海外に工場を建設したほうが有利という結果になりました。お分かりいただけたでしょうか。

このように，為替を伴うキャッシュフローのスワップは頻繁に行われており，これまで見た2つの例は基本的なスワップばかりです。しかしいずれのスワップにしても，将来の不確実な要素，たとえば最初の例では短期金利，次の例では将来の為替レートを確定する効果がスワップにあることがお分かりいただけたと思います。

(3) 先物・先渡し

先物ということばを聞いて何を連想しますか。一体先物とは何なのでしょうか。先物というくらいですから，何かが先にあるのかという疑問が湧きます。

普通，先物とは，決済，つまり何かを買うまたは売るときに，その何かとお金を交換する時期が，通常の取引よりかなり先に行われる場合の取引をいいます。逆にいえば，「本来であれば将来行われる取引を，今の時点で約束してしまうこと」と考えてください。そして，先物取引で取引される「物」とその「取引」を，通常「先物」と総称します。

ある商品を製造中の人がいて，3ヵ月後にその商品ができ上がる見通しである場合，でき上がった製品を小売店に引き渡すのと同時に代金をもらうことが考えられます。しかし，どうもその商品の市況が思わしくなく，値段がこの先，崩れそうだと思った場合，その人はなるべく早めにその商品の引渡し価格を決めてしまいたいと考えることでしょう。このような将来の値段を事前に確定してしまう取引が先物取引，あるいは先渡し取引と呼ばれます。

債券を保有する機関投資家は，世の中の金利が上昇した場合

に，すでに保有している債券の評価額が目減りするリスクを負っています。債券を満期まで保有するならば，評価額が下がるだけで実損はないと考えられますが，企業会計の原則は簿価主義から時価主義に移っており，決算への影響が心配されます。また，いつなんどき保有債券の売却を迫られるか分からないわけですから，実損を被る可能性を秘めています。

そこで，機関投資家は金利の上昇が見込まれる場合，先物を売って債券価格を確定させ（この結果，債券価格の値下がりリスクがヘッジされます），保有債券から上がる金利収入だけをしっかりと享受するような使い方をしています。

先物（英語でFutures）と先渡し（英語でForward）はどこが違うのでしょうか。先物が取引所に上場された定型（あらかじめ内容が定められた様式に基づく）取引であるのに対し，先渡し取引は当事者間で自由に契約の内容を決められる相対の取引です。金融先物や債券先物など，世界各地の取引所が独自の先物商品を上場しています。

これらの先物の引渡し時期は通常3，6，9，12月の限月（「げんげつ」と読みます。商品によっては限月が毎月存在している場合もあります）に分かれ，それぞれの月のあらかじめ決められた日を最終取引日として取引されます。

先物のメリット

取引所に上場されている先物の場合，「将来のリスクをヘッジすることができる」というメリットのほかにも，①証拠金制度によって，原資産である債券現物を保有するよりも少ない自己資金で取引に参加することができる，②取引所が相手なので（当然取引所を通してその向こう側には同じように反対売買をしている相手方はいるのですが），取引相手の信用リスクを負わなくてすむといった利点もあります。

もう少し分かりやすく説明しましょう。

日本には今，個別株式の先物は存在しませんが，説明のため

に個別株式の先物が取引されているとします。またIRRのところで登場した首都食料に登場してもらいましょう。

東京株式市場では毎日株の取引が行われており、首都食料の株式も毎日値段がついています。もしあなたが今日、近くの証券会社に出向いて首都食料の株式を買うと、決済日は今日も入れて4日後です。これが株を買うときの通常行われている「現物取引」と呼ばれている取引です。もし明日買いに行けば、決済日は明日から4日後で、以降、買う日が1日ずつ延びるにしたがって決済日も順に1日ずつ延びていきます。

では先物はどうなるのでしょうか。通常、先物の場合は、3、6、9、12月のあらかじめ決められた日(通常20日)にまとめて決済されます(なおここでは説明の都合上すべての先物、オプションが月末に決済されるものと仮定します)。

したがって現物取引と最も異なる部分は、1月に行われた3月決済の先物取引は、3月の決済日まで決済しなくてもよいということです。つまり、現物取引であれば何としてでも4日後には現金を用意して株式を引き取らなければなりませんが、先物取引であれば決済日が来るまで3ヵ月もしくは6ヵ月はおカネを用意しなくてもよいわけです。

このような便利な取引ができれば、いろいろなことが可能になります。たとえば相場に自信があれば、今、先物で「買い」の取引を行い、決済日が来る前に予測どおり株価が上昇すれば、そこで買ってあった先物を売って利益を確保することも可能になります。

この場合、決済を先に延ばせるといいますが、その先物取引で取引されている「物」は何なのでしょうか。

よく考えれば、「先物」は決済日が来るまで誰も決済を強要できませんので、決済日までは「約束」または「契約」ということになります。通常「先物」を買った人がいれば売った人もいるわけなので、それぞれの「約束」をした人が決済日まで存

在することになります。そして決済日にそれぞれが義務を果たすことによって、ある特定の先物に関する権利義務関係はすべて消滅します。

したがって「先物取引」とは、決済日までは「約束」または「契約」で、決済日にその約束に基づいた義務が発生する取引ということができます。

商品先物

それでは例を使いながら、もう少し詳しく説明してみましょう。1994年に日本ではコメ不足が問題になり、「平成の米騒動」とも呼ばれました。93年が冷夏でコメの収穫が少なかったことから同年の暮れ頃から、国産米の値段が徐々に上がりはじめ、春過ぎ頃には店頭から国産米が消えてしまいました。私も緊急輸入されたタイ米などを食べたことを記憶しています。

ところで、最近になって日本でもコメの先物市場が復活しましたが(2011年8月から2年間の試験上場を開始)、当時はまだ日本の農家が先物を使って自分の生産する穀物の売却価格を最大化するという話は聞いたことがありませんでした。一方、米国の麦やトウモロコシ生産者は従来かなりの頻度で麦やトウモロコシの先物取引を利用して、自分の生産する穀物の売却価格を最大化し、結果的には利益を最大化しようとしてきました。

では、実際に彼らがどのようにして先物取引を利用しているのか、日本のコメの例を使いながら見てみましょう。なお、価格についてはこれまでの例と同様、計算しやすいように実際の価格とは関係ない数字を使います。

今仮に、1993年の8月の終わりに、9月まで決済を待てるコメの取引(コメの先物取引)ができていたと仮定すれば、どういうことが可能だったのでしょうか。

まず8月の終わりに、9月に決済できるコメの「買い」の取引をしたとします。8月の終わりですから、まだ誰もコメの値段がそんなに上がるとは思っていません。この状態を示したの

表 3-11　先物取引の実際

	1993年8月末	1993年9月末
実際のコメの値段(現物)	900円	1,500円
先物の値段(9月決済)	1,000円	――
先物の値段(12月決済)	1,100円	1,700円

が表3-11です。

仮に10kg, 1,000円でこの「買い」の取引ができたとします。9月末になって収穫が思わしくないということが分かると, 当然コメの値段が上がってきます。そこで10kg, 1,500円に上昇したとします。「先んずれば人を制す」で, すでに8月に10kg, 1,000円で9月決済の「買い」の取引をしてありますので, この取引を実行し1,000円で10kgのコメを買います。そして, 配達されたコメを1,500円で売却すれば, 瞬時に500円の利益が得られます。

このように, 先物の取引は, 通常1ヵ月以上先の決済日の取引(売り, 買い)の値段を決めるもので, 決済日が先ですから買い方はおカネの, 売り方は現物の手持ちがなくても売買に参加できるという特徴があります。

いかがですか, お分かりいただけましたでしょうか。先に米国の麦やトウモロコシ生産者の話をしましたが, 昔は, 日本にも大阪にコメの先物取引をするところがあり, 春先からその年の収穫を先物で取引していたといいます。ですから, この点では, 昔のほうが進んでいたのかもしれません。

ここでもう一度, 表3-11を見てください。

先物の値段は, 実際のコメの値段と密接な関係を保ちながら決まってきますが, 同時に実際のコメの値段と先物の値段は全く別物だということです。これは, 実際のコメの値段が, 原則として取引を約束した日(約定日)からすぐに決済をしなければならないのに対し, 先物は, 約定日からコメの現物を実際に取

引する日(決済日)までがかなり長いことによります。

　たとえば,あなたが近所のおコメ屋さんでコメを買うとすれば,代金はその場で払うのが普通です。先物の場合は表3-11の中の9月決済の場合,7月に約定しようと,8月に約定しようと決済は9月です。

　したがって,先物の値段には先物を買った日の現物の値段に加え,決済される9月に取引されると予想される現物の値段に対する「読み」が含まれているといえます。

　また先物特有の取引として,今回の例のように8月に先物を買って決済の9月までに十分先物が値上がりした場合,決済を待たずにその先物を先物マーケットで売って利益を出すことも可能になります(先物の反対売買による益出し)。

　また,先物の場合,先ほど簡単に触れましたが,決済日は3ヵ月ごとに決まっており3,6,9,12月が普通です。この例では9月決済の先物と,12月決済の先物の2つの例が示してあります。

　さて,実際にはどんなものが先物で取引されているのでしょうか。日本では先物で取引されるものはきわめて限られていますが,米国ではいろいろなものが取引されています。代表的なものに,麦,トウモロコシ,石油,冷凍オレンジジュース,豚,豆,金,銅などの商品先物(コモディティ・フューチャー)があります。また,金融先物(フィナンシャル・フューチャー)では,財務省証券,ユーロ金利,株式指標先物などさまざまなものがあります(映画「大逆転」でエディ・マーフィーが2人の東部エスタブリッシュメントをラストシーンで破産に追い込んだのはこの冷凍オレンジジュースの先物取引を通してでした)。

　さあ,気候が不順で作柄が悪かった場合の例は分かりました。では,豊作だった場合はどうなるのでしょうか。もう一度コメの例で見てみましょう。

　1993年の暮れ頃から,国産米の値段が本格的に上がりました

表 3-12　先物のヘッジ効果

	1994年8月末	1994年9月末
実際のコメの値段(現物)	1,900円	1,200円
先物の値段(9月決済)	2,000円	——
先物の値段(12月決済)	2,100円	1,900円

が、コメを生産しているあなたは94年の夏の終わりには、逆に猛暑の影響で94年は大豊作であるという結論に達したとします。コメの値段は、まだ93年の夏に比べると倍近い値段がついています。あなたは、あなたのコメが収穫になる9月の終わりに決済を迎える先物を売ることを考えます。そうすれば、今10kg、2,000円で先物を売ることができ、仮に豊作のニュースが伝わり実際のコメの値段が去年と同じところまで下がったとしても、今の値段での利益を確保できるからです。具体的に図を用いて説明しましょう。表3-12を見てください。

この表からお分かりのように、9月決済の先物の8月末における値段は2,000円ですから、もし今(8月末に)9月決済の先物を売って9月にコメを実際に配達すれば、10kgにつき2,000円がもらえるということになります。

この例では、実際のコメの値段は、9月末には1,200円まで下がったことになっていますので、コメを生産しているあなたは先物で2,000円の売りを建てていたおかげで、10kgにつき800円の損をせずにすんだということになります。こうした、先物を売ってこれから収穫されるコメの値下がりを防ぐ先物の使い方を「ヘッジ」といいます。

このように穀物の先物は、実際に生産に携わっている人たちに利用されるわけですが、同時に金融関係の人たちもよく参考にしています。なぜならば穀物の値段は通常物価に大きく響いてきますので、金利を見ている人たちも穀物の先物の値段には注意を払わざるを得ないのです。

穀物のみならず，たとえば1970年代には2回のオイルショックを経験し，インフレの指標として石油の先物が金利に与える影響が非常に大きかったことから，債券の取引をしている人たちは，毎日石油の先物取引を一喜一憂しながら見ていたそうです。また，2000年代後半には中国，インド，ブラジルといった新興国の成長期待を背景に原油価格を中心に商品価格全般が上昇しました。こうした状況を受けて年金基金やヘッジファンドなどの機関投資家は，株式や債券に加えて商品先物も投資対象としてその投資額を増やしています。このように商品先物市場は，近年急速に金融商品化が進んでいるといえるでしょう。

金融先物

さて，今までは割と分かりやすい，物の先物でしたが，これからは金融先物を説明しましょう。

日本の金融先物の代表は，国債の先物と日経平均株価指数（通常，日経平均と呼ばれます）の先物ですが，ここでは日経平均株価指数の先物を使って説明します。

日経平均株価指数の先物というと，今までのコメと比べて分かりにくいと思いますが，日経平均株価指数という株式相場の動きを表す指数があり，その指数の先物が日経平均株価指数先物だということです。もう少し説明しますと，日経平均株価指数は225銘柄の株価を使って株式相場を指数化したもので，株式相場全体の指標となるものです。

このように，完全ではありませんが日経平均株価指数は株式相場全体を表すように設計されていますので，この先物を使って保有する株式の値下がりをヘッジすることが可能になるわけです。また，この保有する株式全体を指してポートフォリオと呼びます。

なおヘッジに際し，今まではコメの先物を10kg売るとか買うとか考えましたが，ここでは日経平均株価指数先物を5億円分または10億円分売ったり買ったりするというように考えます。

日経平均株価指数先物の具体的な使われ方はさまざまですが、ここでは一番代表的な使われ方について説明しましょう。

　まず、あなたはある投資顧問会社のファンドマネジャーだとします。日本株の運用担当で、500億円を1人で運用しています。500億円といえば大金ですが、大手の投資顧問会社では1人のファンドマネジャーが大体1,000億円から500億円のファンドを運用していますのでそれほど並外れた金額でもありません。ただし、500億円といえば、東京証券取引所市場第一部の1日の売買代金が仮に1兆円とすれば、その5％にあたるので、かなりインパクトのある金額です。

　したがって、もしあなたがすべての株式を売却したいと思っても、マーケットに対し自分の持っている株式が多すぎるため、売りの注文を出せば自分でマーケットを崩しかねず、売るに売れない状態にあるといえます。

　また、日本の大手生命保険会社や信託銀行などは、兆円単位で株式を持っていますから、慎重に売買しないと思ったような運用成績を残せないことにもなりかねません。このような場合に重宝なのが先物なのです。

　たとえばファンドマネジャーのあなたは、調査部とのミーティングでこれから株価が下落するという確信を持ったとします。できればなるべくたくさんの株式を売却し、現金比率を高めておきたいと思います。そうすれば、仮に株価が下落しても損をせずにすみます。しかし、先ほど説明したようにまとまった売りの注文を出せば、自分で自分の首を絞めることにもなりかねません。そこで、先物を売ることによってある程度の「ヘッジ」をしておこうということになります。

　ではこの「ヘッジ取引」がどのように行われるか、実際に計算をしながら見てみましょう。前提として、あなたの運用する500億円のポートフォリオは日経平均株価指数が1％下がれば1％損が増えるものとします。つまり、あなたのポートフォリ

III 債券投資の基礎

表3-13 日経平均株価指数先物を用いたヘッジ

日 経 平 均	20,000円	18,000円 (10%下げ)	16,000円 (20%下げ)
(ヘッジなし) 運用資産の損 (a)	な し	▲50億円	▲100億円
(ヘッジ付き)			
ヘッジによる利益 (b)	な し	+25億円	+50億円
運用資産の損 (a)+(b)	な し	▲25億円	▲50億円

オは日経平均株価指数と全く同じ動きをするという前提です。また，先物および現物の取引コストは計算に入れません。現在の日経平均株価指数は2万円です。

まず，日経平均株価指数先物を2万円で250億円売り建てて，半分ヘッジをかけることにします。

表3-13を見てください。日経平均18,000円と16,000円のケースは，現在の日経平均20,000円に対しそれぞれ10％下げと20％下げの場合を想定しています。

この表からもお分かりのように，ヘッジをしたほうが損を半分にできます。

ここで当然，なぜ半分しかヘッジしないのか，という疑問を持たれる方もおられると思いますが，相場の世界というのは「一寸先は闇」ですから，今回は予想どおり相場が下がるという設定になっていますが，逆に相場が上昇した場合はヘッジをかけただけ損をします。

もう少し詳しく見てみましょう。

ヘッジをするということは，先物を売却するということですから，相場が予想に反し上昇した場合，その上昇分について損が出ます。したがって，運用している株式は相場上昇により利益が出ますが，運用株式総額の半分にあたる250億円分の先物を売却してあったため，その利益は売却してあった先物の損と相殺されて半分になってしまいます。もしここで100％ヘッジ

してあるとすれば，相場が下落した場合は損をしませんが，同時に，相場が上昇した場合も，先物の損と運用株式の利益が完全に相殺され，何も利益が出ません。これでは何のために株を持っているのか分からなくなってしまいます。

したがって，ヘッジは半分だけにしておいてよかったと思うわけです。このように半分ヘッジをすれば，損も得も半分になります。では，この科学が進んだ世の中で，利益は100％，損はなしというヘッジはできないのでしょうか。100％望みどおりの方法は今のところありませんが，かなり近い方法はあります。それが，オプションという概念です。

レバレッジ効果

次の項は，オプションの話になりますが，その前に先物の「レバレッジ効果」の話を最後に簡単にしておきます。

レバレッジとは「てこ」という意味の英語です。先物とてこがどう関係があるのかよく分からないと思いますが，今までの先物の説明は，すべて先物取引に関わるコストを無視して議論してきました。しかし，スワップのところでも説明したとおり，この世の中はそう甘くはありません。先物取引をするためにはそれなりのコストが必要となります。ただ，そうはいっても，これだけ先物を含めたデリバティブが取引高を増やしているということは，それなりの理由があるはずです。この理由の大きな部分が「レバレッジ効果」です。

直感的に説明するとすれば，1,000円の株に投資する場合，現物取引であれば1,000円の資金が必要ですが，先物取引であれば必要な資金は1,000円にはなりません。もしこの資金が100円ですむとすれば，1,000円なければできなかった投資が，100円でできるわけですから10％の資金で1,000円の株式を買ったのと同じ効果が得られます。つまり，10倍のレバレッジ効果があるわけです。

これは大変なことです。なぜなら，もし1,000円の株が100円

上昇すると，現物で持っていてもただの10％の利益でしかありませんが，先物で持っていれば100％の利益となります。10倍のレバレッジ効果というわけです。

では先物はよいことばかりなのでしょうか。英国に"There is no free lunch."という諺があります。また，この業界の鉄則として，「ハイリスク，ハイリターン」という掟もあります。つまりレバレッジ効果は両刃の剣で，もし株価が10％下落した場合は，現物で持っていればただの10％の損失ですが，先物で持っていれば100％の損失となります。18世紀から続いた英国の老舗である，ベアリング・ブラザーズが，シンガポールの1人のトレーダーのために身売りを余儀なくされたのも，この先物取引の持つきわめてレバレッジの利いた性格のためといえるでしょう。

さあ，それではいよいよオプションです。オプションの概念を理解していただければ，デリバティブの大まかなところはすべて，スワップ，先物の説明と併せてカバーされますので頑張ってください。

(4) オプション

オプションとは何でしょうか。

通常オプションといえば，何か買うときに「よりぜいたくな付属品をつけるかつけないかのオプションがついている」というような場合に使います。

オプションとは英語で選択(権)という意味です。この権利はあるものをある価格で買う権利であったり，反対に売る権利であったりします。上記の例であれば，オプションは「買う人の(選択)権利」とでも定義すればよいのではないでしょうか。

もう少し具体的に説明すれば，たとえば，車を買うときにアルミホイールがオプションになっている場合があります。またもう少し高価な買い物で，マンションを買うような場合，ヨー

ロッパ製のシステムキッチがオプションとしてついているような場合があります。これらは買わなくてもよいのですが、もし欲しいのであれば、後から別に買うよりは通常安く買えるわけです。この場合、買うか買わないかは、「買う人の権利」といえます。

また、これらの場合は通常マンションを買うことによって無料でつけられる選択権(オプション)ですが、たとえばコメのオプションの場合には、お金を払ってその権利(オプション)を買うことになります。オプションを使って実際にコメを買うか買わないかはオプションを買った人の自由です。権利を買った投資家は、これを実行する義務を負いません。つまり実行したとき、利益が出る(儲かる)場合にだけ実行すればよいのです。これが、前項(3)で取り上げた先物取引や先渡し取引と決定的に異なる点です。

しかし、このような投資家のわがままが許される分、権利購入の対価(これをオプション料またはオプションプレミアムと呼びます)は高くつきます。ただし、オプションには期限がついていますので、その期限内に使わないとオプションの持つ「権利」は消滅してしまいます。

一方、売る側の人は、このような権利が行使された場合には必ずそれに応じる必要があります。つまり、権利を売る側は、この取引について見れば無限のリスクを負うことになります。その代わり、権利が行使されないまま権利行使期限が無事すぎれば、あらかじめ受け取っていたオプション料をまるまる手にすることができるのです。

オプション取引は概念的には保険に近いものですが、人や物の経済的損失を補償するというよりは、不確定な物の値動きをヘッジするための金融商品だといえます。

株式やFX(外国為替証拠金取引)など最近は個人投資家でもオプション取引を行う機会が増えてはいますが、一般的にはま

Ⅲ　債券投資の基礎

だまだ馴染みが薄いでしょう。しかし，直接オプション取引をしなくても，実はさまざまな個人投資家向け商品に組み込まれていることに注意してください。たとえば株価指数に連動した債券投資信託などは，銀行の定期預金よりも利回りがかなり高いのですが，これは株価指数にからんだオプション(権利)の売りを行っているためオプション料収入があるからです。

ただし，株価指数が当初の想定と逆の方向に動いてしまった場合，この債券投資信託の利回りは銀行の定期預金利回りを下回ることになります(場合によっては元本割れが起こります)。

オプションの変形としては，先に説明したスワップと合わさったスワップションなどもありますが，その説明はオプションの専門書に譲りたいと思います。

コールオプション

さあ，それでは以前説明したコメの問題をもう一度オプションをからめて考えてみましょう。

先に説明した表3-11を見てください。

この例では，1993年の8月末に先物を買って9月にコメの配達を受け，それをそのまま売って利益を得たわけですが，オプションを使うとどうなるでしょうか。

1993年の8月末に「9月にある値段でコメを買えるオプション」を買うという取引が，オプションを使うと可能になります。もう少し具体的に整理しましょう。

「9月にある値段でコメを買えるオプション」とは何でしょうか。

9月に，10kg，1,000円でコメを買えるオプションがコメ10kgにつき100円で売っているとします。今8月末ですから，コメの値段はまだ10kg，900円です。もし仮に，このオプションをコメ10kgにつき100円で買っておけば，9月末にはコメの値段が10kg，1,500円になるのですから，オプションを使って10kg，1,000円でコメを実際に購入し1,500円で売れば，100円

表3-14 オプションを使ったヘッジ

(予測どおり,価格が上昇)

1993年8月末現在	8月末	(10kgにつき) 9月末
コメの値段(現物)	900円	1,500円
先物(9月決済)	1,000円	——
オプション(9月決済)	100円	——

〈損 益〉
先　　物　　1,500−1,000=500
オプション　1,500−1,000−100=400

- 先物の場合9月に1,000円で買える取引があったことから,これを実行し,1,500円で売却し500円の利益。
- オプションの場合は,9月に1,000円で買えるオプションを100円で購入してあったことから,先物同様これを実行し,1,500円でコメを売却し,オプションのコストを控除した後,400円の利益。

のオプションのコストを差し引いても,コメ10kgにつき400円の利益が出ます。

さらに,オプションのよいところは,仮に予測したようにコメの値段が上がらなかった場合でも,コストの100円をあきらめさえすればそれ以上は損をしないことです。一方,先物の場合はただ単に決済日が9月に延びているだけでしたから,9月末に予測どおりコメの値段が上がらなくても,9月の決済日には1,000円でコメを買わなければなりません。そして買ったコメは倉庫に入れて値段の回復を待つか,そのときの市場価格,たとえば700円で売って損を確定しなければなりません。

このメカニズムを表を使って説明してみましょう。表3-14と表3-15を見てください。表3-14が,予測どおりコメの価格が上昇した場合です。また表3-15が予測に反し,価格が下落した場合です。それぞれの表でオプションの欄は,オプションのコスト(100円)を示してあります。

表3-14,および表3-15からお分かりのように,先物を使っ

表3-15 オプションを使ったヘッジ

(予測に反し,価格が下落)

1993年8月末現在	8月末	(10kgにつき) 9月末
コメの値段(現物)	900円	700円
先物(9月決済)	1,000円	――
オプション(9月決済)	100円	――

〈損　益〉
　先　　　　物　　　　700－1,000＝－300
　オプション　　　　－100

- 先物を使った場合,9月末にはコメの値段が700円に下落していますので,コメを売って300円の損が確定します。
- オプションの場合,コメの値段が下落したとしても,コストの100円をあきらめればよく,損は100円に限られます。

た場合,9月末の現物の価格によって損の額が左右されてしまいます。この例では700円ですが,600円,500円と現物の価格が下落すれば損の額もその分増加します。一方,オプションを使った場合,予測どおりにコメの値段が上昇すればオプションとコスト分だけ利益が減少しますが,逆に予測と反対になった場合でも,損の額がオプションのコストに限られてきますので,安心してヘッジをかけられます。

このように,ある値段でコメを買えるオプションのことを「コールオプション」といいます。買えるオプションがあるわけですから,売れるオプションもあるはずです。今度は売れるオプションを見てみましょう。

プットオプション

今までお話ししてきたオプションは,買える権利でした。これからお話ししようとしているのは売れる権利です。

売れる権利とは何でしょうか。ある物をある値段で,そのときの値段がどうであれ売れる権利ということです。

たとえば,こういう例はどうでしょう。車を何台も買う人は

あまりいないと思いますが、世界の名車フェラーリをイタリアから何台も日本の業者が輸入しようとしたとします(実際、バブルの頃は、フェラーリで生産される車種の中にはその多くが日本に来たようなものもありました)。

問題は、発注してから実際に車が届くまで、手づくりですからかなり時間がかかることです。輸入する側としては、完全にお客を見つけてから発注していたのでは時間がかかって仕方がありません。ただし、一方で、車をある程度見込みで発注するにしても、その間に景気が悪くなればこの類の車は全く売れなくなります。

そこで、マーケットの値段がどうであれ、発注価格に利益を乗せた価格でフェラーリを売れるオプション(フェラーリの売りオプション)があれば、この輸入業者はこのオプションを買うかもしれません。これが、ある物をある値段で売れる権利、つまり、「売りのオプション」というわけです。先ほど、「買えるオプション」を「コールオプション」と呼びましたが、この「売れるオプション」は「プットオプション」と呼ばれます。

概念はお分かりいただけたでしょうか。「ある物をある値段で買えるオプション」と「ある物をある値段で売れるオプション」、つまり「コールオプション」と「プットオプション」をあなたは買えるということです。

混乱しそうな方は、もう一度、この部分の最初からここまでを読んでみてください。

オプションを使ったヘッジの例

さあ、では、もう少し詳しい例を見てみましょう。先物のところで使ったコメの例をもう一度考えてみましょう。

1994年は93年に比べて明らかに豊作になりそうでした。したがって、表3-12で見たように94年の8月末に9月決済の先物を売って、9月末のコメの値段の値下がりをヘッジしたわけです。ではオプションを使った場合はどうなるのでしょうか。

Ⅲ　債券投資の基礎

表3-16　オプションのヘッジ効果

1994年8月末現在	8月末	9月末 (下落)	(10kgにつき) 9月末 (上昇)
実際のコメの値段(現物)	1,900円	1,200円	2,300円
先物の値段(9月決済)	2,000円		
オプションコスト		100円	100円
〈ヘッジ効果〉			
先　　物		800円 (2000−1200)	▲300円 (2000−2300)
オプション		700円 (2000−1200−100)	▲100円 (オプション購入代金)

　表3-16を見てください。

　もし仮にここで9月にコメを10kg, 2,000円で売れるプットオプションを100円で買っていたとします。9月末になって予測どおりコメの値段が1,200円に下落しても，オプションを行使して，10kg, 2,000円で，売ればよいわけです。1,200円でコメを売るよりは，オプションのコストを差し引いてもまだ700円の得になります。

　では，逆にコメの値段が上昇した場合はどうでしょう。これこそオプションを使う意味があるわけですが，仮に9月末に値段が10kg, 2,300円に上昇したとします。先物を売ってヘッジしていた場合，8月に売ってあった9月決済のコメ10kgの先物を，9月に10kg, 2,300円で買い戻すか，9月末の現物市場で2,300円で売れるコメを，先物契約に基づいて2,000円で売らなければならないわけです。

　したがって，いずれの場合にも10kgにつき300円の損が確定します。

　一方，オプションを使ってヘッジした場合は，オプションをあきらめさえすればよく，そのときのコストは，オプションのコストである100円です。

表3-17 日経平均株価指数先物オプションを用いたヘッジ

(予測どおり日経平均が下落した場合)

日 経 平 均	20,000円	18,000円 (10%下げ)	16,000円 (20%下げ)
〈先物を用いたヘッジ〉			
(ヘッジなし)			
運用資産の損 (a)	な し	▲50億円	▲100億円
(ヘッジ付き)			
ヘッジによる利益 (b)	な し	＋25億円	＋50億円
ヘッジ後の損益 (a)+(b)	な し	▲25億円	▲50億円
〈オプションを用いたヘッジ〉			
ヘッジコスト (c)	▲25億円	▲25億円	▲25億円
運用資産の損 (d)	な し	な し	な し
(100%ヘッジ済み)			
ヘッジ後の損益 (c)+(d)	▲25億円	▲25億円	▲25億円

さあ、今度はファンドマネジャーです。

先ほどの例では、500億円の運用資産のヘッジを先物で行いました。予測が、逆に外れることを恐れて、資産の半分の額しか売り建てていません。ここで、日経平均株価指数を2万円で売れるプットオプションがあったとします。さらに、あなたの運用担当額の500億円をすべてヘッジできるプットオプションが25億円で買えるとします。さあ、この前提で、表3-13を見てください。この表にオプションを使ったヘッジを加えたものが、表3-17および表3-18です。

先物とオプションの比較

この例からも明らかなように、オプションを使ったヘッジは、いくつかの点で先物に比べメリットがあります。

まず先ほどの例では、先物を使うとヘッジをしただけ相場が逆に動けば、ヘッジによる損が増加し、ヘッジコストが増大するため、500億円の半分しかヘッジができませんでした。

一方で、オプションのときは、500億円分すべてのヘッジが可能になったうえに、オプション購入のコストを最大として、

Ⅲ 債券投資の基礎

表3-18　日経平均株価指数先物オプションを用いたヘッジ

(予測に反し日経平均が上昇した場合)

日　経　平　均	20,000円	22,000円 (10%上げ)	24,000円 (20%上げ)
〈先物を用いたヘッジ〉			
(ヘッジなし)			
運用資産の益 (a)	な　し	＋50億円	＋100億円
(ヘッジ付き)			
ヘッジによる損 (b)	な　し	▲25億円	▲50億円
ヘッジ後の損益 (a)+(b)	な　し	＋25億円	＋50億円
〈オプションを用いたヘッジ〉			
ヘッジコスト (c)	▲25億円	▲25億円	▲25億円
ヘッジ後の損益 (a)+(b)	▲25億円	＋25億円	＋75億円

表3-19　オプションの権利義務関係とプレミアム

	権利義務関係（プレミアム）	
	買った場合	売った場合
コールオプション	買う権利（支払い）	売る義務（受け取り）
プットオプション	売る権利（支払い）	買う義務（受け取り）

それ以上ヘッジコストは増加しません（表3-17のヘッジ後の損益：25億円の損）。したがって，オプション購入に関わるコストだけを我慢できれば，持っている株式すべてを今の例のように，ある一定のコストで相場下落からヘッジすることも可能です。

オプションを売る

今までの説明では，オプションを買う場合しか想定してきませんでした。しかし，オプションを買う人がいるということは，売る人がいるわけで，ごく簡単にオプションを売る説明をします。表3-19を見てください。

この表でまずコールオプションのところを説明します。コールオプションを買った場合は，ある物をある値段で買う権利が

手に入ります。また,今までの説明でもあったように,権利を手に入れるわけですから,コストがかかります。これが,プレミアムの支払いです。

一方で,コールオプションを買った人は,ある値段で買う権利を手に入れるわけですから,売った人は,ある値段で売る義務を負うことにならなければ辻褄が合いません。また売った人は義務を負うわけですから,その分の見返りが必要です。これがプレミアムの受け取りになるわけです。

同じようにプットオプションの説明をしますと,プットオプションを買った人はある値段で売る権利を手に入れるわけですから,プレミアムを払います。一方,売った人は買う義務を負うことになり,その見返りとしてプレミアムを受け取ります。

買う場合については,これまで例を用いてかなり詳しく説明したつもりですが,オプションを実際に売る人がいるのでしょうか。

たとえば,コールオプションを売る場合を考えてみましょう。今,あなたは金山のオーナーで,金が腐るほどあるとします。また,金1オンスにつき300ドルが現在の相場だとすれば,330ドルで金を買えるコールオプションを売るのはなかなかよいアイデアかもしれません。なぜならば,金を絶えずマーケットを通して売っているあなたは,現在の相場より30ドルも高い値段で売る義務を単に負うにすぎないからです。

もし金の価格が330ドルを上回り誰かがこのコールオプションを行使した場合は,そもそも300ドルで売る予定だったあり余る金そのものを渡せばよいことになります。もちろん,予測できなかった相場の上昇による「得べかりし利益」は,1オンスにつき30ドルに限定されてしまいますが,それでも予定は上回ることが可能です。しかも,金の価格が下落して,もし誰もオプションを行使しなければ,受け取ったプレミアムは丸儲けになります。

このように、ある資産を豊富に持っている人が、その資産をバックにコールオプションを売るのはよくあるケースです。これらの資産は、金や石油といったコモディティ、または米国財務省証券のような債券の場合もあります。債券の場合は、ポートフォリオに債券を大量に保有する機関投資家がその主な売り手になります。

オプションを買う人、売る人の関係

オプションを買う人はプレミアムを払い、売る人はプレミアムを受け取れることが分かりましたが、では、それぞれ買った人と売った人の権利義務関係がどうなっているのかを、もう少し詳しく見てみましょう。

今までの説明で、オプションを買った人は仮に相場が逆へ動いた場合でも、オプションのプレミアム部分をコストとしてあきらめればよいことが分かっています。また、表3-19で、それぞれコールオプションを買った人と売った人の権利義務関係が出ていますが、コールオプションを買った人が「ある値段で買える権利」であるのに対し、売った人は「ある値段で売る義務」を負うことになります。義務ですから、相場の値段がいくらになっていようと、いい換えれば、いくら損をしようと、コールオプションを買った人からの行使要求には応えなくてはなりません。

先ほどの金山の例のように、渡すものを持っていれば、失うものは「得べかりし利益」に限定されますが、もし何もなくてコールオプションを売った場合には、相場が逆に動いた場合、その損は上限がありません。これは、コールオプションを買った人が相場が逆に動いても、損が支払ったプレミアムに限定されているのと逆の関係にあります。

ここではこれ以上詳しく説明しませんが、オプションを売る場合には、相場が予想から逆に動いた場合、損の額は上限がないと覚えておいてください。

さあ,いよいよ最後ですが,実はもう少し説明しておかなければならないことがあります。

たとえば,500億円の株式をヘッジするのに,ここではいとも簡単に,株式100に対しオプション100を買えば完全なヘッジが可能なような説明になっていますが,実際には株式100に対しオプション170というような比率を常時調整せざるを得ず,実際にオプションを使うとなると,人やコンピューターなどの設備投資が必要です。もし将来,もう少し専門的な本を読む機会があるときは,これらの点についてもまだ説明されなければならない部分があるということを覚えておいてください。

また,今までの説明では,分かりやすくするために,数字についてはある程度思い切って省いてきましたが,実際にはこんなに物事がうまく運ばないケースが多く,ヘッジしようかしまいか,かなり迷うのがオプションを使ったヘッジコストの実態であると覚えておいてください。

つまり,あなたがヘッジをしたいときは,マーケットのほかの人たちもヘッジをしたいと思うような相場状況に来ていることが多く,このようなときにはオプションの値段が割高な場合が多いということです。

逆説的に説明すれば,実際にヘッジをするかしないか,誰もが迷うようないいところに,最も必要とされるようなオプションの値段が決まってくるということです。これは,資本主義の原則ですし,またある意味ではマーケットが健全に機能していることの証左でもあります。

もう一度書きますが,"There is no free lunch."「世の中そんなに甘くはない」ということです。

マーケットで仕事をするということは,常に,世界のプロたちを相手にしているということを肝に銘じておくべきだと思います。世界のプロたちがどういう人たちかは詳しく述べませんが,相手にとって不足はないと思いますし,自己の判断と,そ

の結果として出てくる冷徹な，かつ申し開きのできない数字を達成すべく，全身全霊を注ぎ込んで仕事をしている人たちだということです。

また，日本と異なり，こういう人たちはマーケット関連の仕事ならマーケット関連の仕事のみということで，全員が専門化しています。全身全霊を注ぎ込んで努力した結果，パフォーマンスという形でそれなりの成果を残して専門家たちの中で勝ち残ってきた人たちだと思います。したがってパフォーマンス次第では，数億円もボーナスをもらっている人も1人や2人ではないわけです。

この意味でも敵は十分なモチベーションがあるわけですから，企業人としてこの仕事に取り組み，また世界のプロを相手に成功しようとするならば，かなりしっかりした本人の心構えと会社の中での仕事に対する理解が必要になってくるのではないかと考えます。

さあ，いかがですか。これでオプションの説明を終わりますが，皆さん理解していただけたでしょうか。

大変大まかな説明ですが，ここまで理解すれば最近の金融を取り巻く理論的な部分にいてはおおむねカバーしていると考えてよいと思います。これからは，大体の概念を理解しているという自信を持って，さらに分からないところを突っ込む質問が可能になるはずです。

(5) 日本国債先物・先物オプション

債券投資に最も用いられることの多いと思われるデリバティブは，日本国債先物です。先物の一般的な説明のところでも触れたとおり，その利用目的は債券の現物を保有している場合の国債価格の変動リスクのヘッジニーズです。

それでは，この日本国債先物がどういう商品なのか，ヘッジ以外の使われ方も含めて説明しましょう。

表3-20 国債先物の仕組みと概要

	中期国債先物取引	長期国債先物取引	超長期国債先物取引(注2)	ミニ長期国債先物取引
市場開設日	平成8年2月16日	昭和60年10月19日	昭和63年7月8日	平成21年3月23日
取引時間	前場立会時間:8:45～11:02 後場立会時間:12:30～15:02 イブニング立会時間:15:30～23:30			
最終決済	受渡決済			差金決済
対象銘柄(取引対象)	中期国債標準物(3%,5年)	長期国債標準物(6%,10年)	超長期国債標準物(6%,20年)	長期国債標準物の価格
受渡適格銘柄(注1)	残存4年以上5年3か月未満の5年利付国債	残存7年以上11年未満の10年利付国債	残存15年以上21年未満の20年利付国債	―
限月取引	3月,6月,9月,12月の3限月取引(最長9か月)			
受渡/最終決済期日	各限月の20日(休業日の場合は繰下げ)			取引最終日の翌々日(休業日の場合は繰下げ)
取引最終日	受渡決済期日の7日前(休業日を除外する)			同一限月の長期国債先物取引における取引最終日の前日(休業日を除外する)
売買単位	額面1億円			10万円に長期国債標準物の価格の数値を乗じて得た額
呼値の単位	額面100円につき1銭			0.5銭
制限値幅	第一次値幅:基準値段±1.00円	第一次値幅:基準値段±1.50円		第一次値幅:基準値段±1.00円
	第二次値幅:基準値段±2.00円	第二次値幅:基準値段±3.00円		第二次値幅:基準値段±2.00円
	最大値幅:基準値段±3.00円	最大値幅:基準値段±4.50円		最大値幅:基準値段±3.00円
一時中断措置	①中心限月取引(ミニ長期国債先物取引を除く)において、呼値の制限値幅の上限値段または下限値段で取引が成立した場合、全限月取引について15分間取引を中断します。(注3) ②中心限月取引(ミニ長期国債先物取引を除く)において、呼値の制限値幅の上限値段または下限値段に、買呼値または売呼値が提示されてから、5分間継続して取引が成立しない場合、10分間取引を中断します。(注3)			
決済に係る差金の授受	反対売買を行った日の翌日			
決済物件の受渡し	受渡しに供する国債の銘柄は渡方(売方)の任意			―
約定取消し	誤発注に係る約定により、円滑な決済の履行が極めて困難になる等、市場が著しく混乱すると当取引所が認める場合のみ、約定取消しルールが適用されます。			

(注1) 発行日の属する月が受渡決済期日の属する月の3か月前の月以前であるものに限る。
(注2) 超長期国債先物取引は平成14年12月限月以降、新たな限月取引を休止している。
(注3) 後場及びイブニング・セッション終了時刻から25分前以降に発動基準①に該当した場合、または後場及びイブニング・セッション終了時刻から20分前以降に発動基準②に該当した場合には、取引の一時中断及び制限値幅の拡大は、取引終了時刻まで行わない。また、前場終了時刻から15分前以降に発動基準①に該当した場合、または前場終了時刻から10分前以降に発動基準②に該当した場合は、取引の一時中断は前場終了時刻までとする。
(資料) 東京証券取引所

日本国債先物は東京証券取引所に上場されている商品です。名称は「国債」先物ですが、実際に存在する特定の国債ではなく「標準物」と呼ばれる架空の債券を現物に想定しています。それぞれの仕組みと概要を表3-20で確認してください。

 さて、この国債先物取引ですが、①取引所で集中取引をしており、流動性に富んでいる点、②反対売買による差金決済が可能な点、③取引のための実額が必要なわけではなく、取引所に証拠金を差し入れるだけで取引ができることなど、非常に利便性に富んでおり、使い勝手がよいようです。

 ただし、これは取引量の圧倒的に多い長期国債先物の話。ほかの中期先物、超長期先物はそれほど活発な取引がされておらず、投資家の利用もあまりありません。

 債券の現物を所有している投資家が、所有している債券の価格変動リスクをこの国債先物を売り建てる(取引所で先物を売る)ことによってヘッジする方法が一般的と前のほうで説明しましたが、この他には、先物だけを売ったり買ったりして利ざやを稼ぐ取引(投機、スペキュレーションともいう)や、先物と現物の理論的価格差に着目していったん現物売り(買い)・先物買い(売り)の取引を行い、価格差が収束したところで反対売買をすることによって利益を稼ぐアービトラージなどの手法があります。

 ちなみに、国債先物にはオプション取引もあります。

(6) CDS(クレジット・デフォルト・スワップ)

 デリバティブの項目の最後に、リスクヘッジ手法として近年存在感が増しているクレジット・デフォルト・スワップ(Credit default swap の頭文字をとって通常 CDS と呼ばれます)について説明しましょう。

 CDS は信用リスクを取引対象とした派生商品であるクレジット・デリバティブの中で最も代表的な取引です。従来のデ

リバティブ取引が金融商品の価格変動リスク(市場リスクともいいます)をヘッジするために開発されたのに対し,クレジット・デリバティブは信用リスクをヘッジするために開発されました。

信用リスクとは,銀行融資や社債といったいわゆる貸したおカネを回収できなくなる可能性(不確実性)のことで,「クレジットリスク」「デフォルト(債務不履行)リスク」などとも呼ばれます。こうした信用リスクを内包した商品を取引する市場は,クレジット市場と呼ばれています。

信用リスクのヘッジといってもイメージが湧かないかもしれません。たとえば,社債を発行しているA社が倒産して債券が紙くずになってしまったとします。債券を大量に購入していた投資家Bには多額の損失が発生してしまいます。しかし,Bがこうした状況に備えてC銀行とCDS取引を結んでいた場合,発生した保有元本分の損失すべてがCからBに支払われ,Bは損失を免れることになります。

つまり,自動車事故の際に自動車保険が支払われるように,CDSは倒産などの事象(クレジットイベント)の際に支払われる保険のような商品と考えれば分かりやすいのではないでしょうか。

ではCDSの仕組みについて説明します。CDSは債権を直接移転することなく,信用リスクのみを移転することができるデリバティブ取引ですが,その際,クレジットイベントから守ってもらうという意味で「プロテクション」を売買するという概念を使います。先ほどの例でいえば,投資家Bは信用リスクを回避するためにC銀行からプロテクションを購入し,その対価(プレミアムまたはスプレッドといいます)を支払うことになります。

一連の取引は一見保証契約に似ていますが,保証契約との大きな違いは,この例における債務者のAや債権者のBと何ら関

係のないDやEが勝手にプロテクションの売買をできるということです。つまり、Aがデフォルトすると考えたDがEからプロテクションを購入し、プレミアムを支払うとします。Aが予想どおりデフォルトすれば、Dは何の損失もしていないのですが、Eから取引時に決めた契約元本金額を損失相当額として受け取ることができます。

また、実際にデフォルトしなくても市場でデフォルトの可能性が高いとの見方が広がれば、プレミアムが上昇します。Dは同様のプロテクションをFに売却することでプレミアムの上昇分の利益を得ることができるのです。

ところで、このプレミアムはデフォルト確率やデフォルトした際の回収率などに基づいて算出されるのですが、通常は○○ベーシスポイント(bp)といった利率で表記されます(1 bp = 0.01%)。

では、実際に支払われるプレミアムはいくらになるのでしょうか。表3-21の計算例のとおり、契約想定元本5億円でプレミアムが12bpの場合、年間の支払額は60万円、年4回払いとすれば、1回の支払い金額は15万円ということになります。

以上がCDSの概要ですが、CDSにはもう一つ重要な役割があります。それは、CDSのプレミアムの変化が信用リスクを表す指標として利用されているということです。

表3-21 プレミアムの計算例

契約元本金額	5億円
プレミアム(利率)	年率12bp
プレミアム支払日	3、6、9、12月の各20日
日数調整方法	支払日までの実日数(90日とする)を360日で案分

〈次の支払日におけるプレミアム支払額〉
　　契約元本金額×利率×(実日数÷360日)
　　= 5億円×12bp ×(90÷360)
　　=15万円

図3-9 CDSインデックス

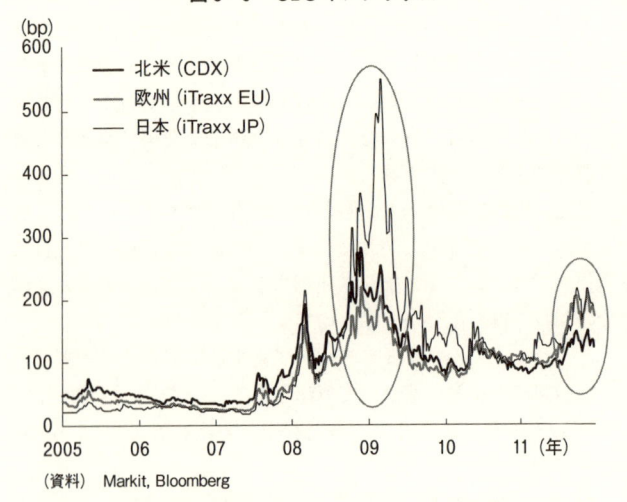

(資料) Markit, Bloomberg

　クレジット市場で債券取引をする際には，信用リスクをどう見るかが重要な投資判断材料となります。従来の信用リスクを判断するうえで利用されてきたものとしては，第Ⅰ章で紹介した信用格付や国債と対象債券の利回り格差(クレジットスプレッド)などがあります。

　これに加えて，近年はCDSプレミアムが参考とされるケースが増えています。個別の債券のプレミアムのほか，複数のプレミアムを合成したインデックスも作成されており，市場全体の信用リスクの動向を見るのに使われています。代表的なCDSインデックスとして，米国のMarkit CDXや欧州のMarkit iTraxx Europe，日本のMarkit iTraxx Japanなどがあります。

　図3-9はこれらの推移を示しています。2008年のリーマン・ショックや2011年の欧州債務危機などを受けて市場全体の信用不安が高まった際にCDSインデックスの水準が大幅に上

昇していることが分かります。ただし，CDS は限られた投資家の間で取引されていることもあり，極端に変動幅が大きくなることがあるため，参照する際はほかの指標の動きと比較するなど留意が必要です。

6 債券の管理と決済

(1) 発行された債券の管理

さて，これまで債券がこの世の中に生まれてから投資家に購入されるまで，あるいは売買されるまでを説明してきましたが，それではいったん発行された債券は誰に，どのようにして管理されているのでしょうか。それを説明する前に，債券に関わるもろもろの事務について，どのようなものがあるかをざっと挙げてみましょう。

①債券の売買に関する証券および決済資金の受渡し

　これは売買した投資家の取引銀行とその売買を仲介した証券会社との間で行われるのが通常のケースです。

②債券の利金（利息）・償還金の受け取りに関わる事務

　各債券の利払い日および満期日の前にそれぞれの債券の指定された元利金支払場所へ，クーポン（利札）または債券を持ち込みます。元利金支払場所では，持ち込まれたクーポンまたは債券の合計額について発行体に資金を請求し，それぞれの投資家の受取銀行へ資金を送金します。

③債券の残高管理

④税金関係に関わる事務

⑤転換社債型新株予約権付社債の転換請求事務と新株予約権付社債の行使事務

　それぞれの債券が指定する転換請求受付場所および行使請求受付場所へそれぞれの請求を行います。

ところで，すでに触れたとおり，投資家に販売された債券は

当初から登録債として現物が存在しないか、もしくは現物があっても証券会社などの金融機関に保護預かりとされることが多く、現物が世の中に出回ることは、個人投資家の場合を除いてはほとんどありません。

そして、投資家が現物を持っていれば、その債券の管理は投資家自身が行わなければならないのですが、債券を保護預かりにしている場合は、保護預かりしている金融機関がこれらの事務を代行してくれることが多いのです。多種多様な債券を保有する機関投資家の場合には、専門の事務代行会社にその事務を任せるケースが多いようです。その事務代行会社をカストディアン、事務代行業務をカストディといいます。

ちなみに、これらは投資家側の事務になりますが、当然反対側にも発行体に代わってこれらの事務を行う人が必要になります。それを行うのは、債券の発行市場で説明した債券の管理会社です。前の債券に関わる事務として挙げた中にある「元利金支払場所」や「転換請求受付場所」「行使請求受付場所」とは、これらの管理会社のことを指します。

最近では国内でもカストディ業務を手がける金融機関が増え、一般的になってきましたが、ユーロマーケットでは従来それぞれの機関投資家が自分専用のメインとなるカストディアンを持っていました。しかも、ほとんどの機関投資家、銀行および証券会社が、最終的にはユーロクリア(旧モルガン銀行系：ベルギーのブリュッセルに本拠を置く)かクリアストリーム(欧州の複数の銀行をベースにしたセデルとドイツ証券取引所の決済部門が合併)のどちらかをカストディアンにしていますので、現物の決済も資金決済もほとんどがこれら２つのカストディアンを使って行われます。

つまり、ユーロマーケットで行われるほとんどの取引が、この２つの機関の中のコンピューターの情報を動かすだけで終わってしまうわけです。しかもユーロクリアとクリアストリー

ムの間もコンピューターで結ばれていますから、やや乱暴ではありますが、1つのカストディアンが存在し、すべての取引はそのカストディアンの中のコンピューター上の記帳を変えるだけで終わってしまうといってもいいかもしれません。

したがって、たとえば元利金が発行会社からユーロクリアとクリアストリームに到達すれば、後はユーロクリアとクリアストリームのコンピューターで元利金の支払いと受け取りが終わってしまいます。

(2) 国債の決済制度

「決済」とは耳慣れない言葉かもしれませんが、一般的な定義に従うと、「資金等の受け渡しを行うことによって債権・債務関係を解消すること」となります。つまり、債券の売買に係る資金を当事者間でやり取りすることを指します。日本の決済システムは遅れているといわれていましたが、近年は有価証券のペーパーレス化を進めるなど、急速に決済の高度化が図られています。

日本国債の場合、従来のその売買に伴う債券や資金の受け渡しは高度にシステム化されています。金融機関や証券会社が自己分として、あるいは保護預かりしている投資家の分として保有している国債が、売買されたとき、その受渡しは各金融機関が日本銀行に持っている帳簿上の振替えだけで処理されます（これを「国債振替決済制度」といいます）。また、その資金の決済も日銀ネットという各金融機関が日銀に開設している口座の付替えだけで処理されるようになっています。

国債は取引の量や金額がほかの種類の債券に比べて圧倒的に多いため、このようにシステム化して、極力事故が発生しないようにしているわけです。また、2005年にはJGBCC（日本国債清算機関）が設立され、個々の決済を集約することにより、一層の国債取引の迅速化や効率化が進められています。

ところで，2000年12月までは，上述の日銀ネットを利用した国債決済は「時点ネット決済」によって行われていました。時点ネット決済とは，決済日当日の一時点において受け取りと引き渡しを差し引き(ネットアウト)して決済する方法のことで，国債は午後3時にネットされていました。この場合，売買と決済の間にタイムラグがあることで，債券売買の取引が成立してからこの時点決済までの間に取引相手の金融機関が破綻してしまうリスクがありました。

そこで，2001年1月から日銀ネットを利用した当座預金決済および国債決済はすべてRTGS(Real Time Gross Settlement)に移行しました。RTGSは振替指図に従ってほかの振替指図とネットアウトせずに1件ごとに決済するものです。従ってある

COFFEE BREAK
──有価証券のペーパーレス化──

有価証券のペーパーレス化とは，国債，社債，株式などの有価証券について券面を発行しないで，その権利移転などの管理を電子的な記録により行うものです。従来は，国債，社債，株式などの有価証券については，券面が発行されることを前提としており，また，有価証券の種類によって法律関係や手続きが異なる複雑な仕組みとなっていました。しかしながら，証券取引のグローバル化に伴い，わが国の証券決済システムをより安全で効率性の高いものに改革していく必要が生じたことから，有価証券の種類をまたがる統一的な証券決済法制の整備が行われました。具体的には，2001年6月，いわゆる短期社債振替法が成立しペーパーレスCPの発行・譲渡・償還の制度が整えられ，口座簿の記録を効力要件とし券面自体を廃止する完全なペーパーレス化が実現しました。その後，ペーパーレス化の対象を一般の社債や国債，投信受益権等にまで拡大させた法整備が進められ，03年1月，いわゆる社債等振替法が施行されました。06年1月からは，「一般債振替制度」が開始され，社債や地方債などのペーパーレス化が実施されています。その後，07年1月に「投資信託振替制度」，09年1月に株券電子化がスタートし，全商品(国債，一般債，投信，株式)のペーパーレス化が実現しました。

取引相手が突然破綻して決済が不履行となっても，基本的にはその影響が当該取引相手と決済する相手方だけに限定され，決済システム全体の動揺を招かなくてすむのです。

7 債券取引の会計と税務

(1) 債券取引の会計処理

会計処理は個人投資家にはほとんど関係がなく，馴染みの薄いものですが，法人である機関投資家にとっては，非常に重要な業務になります。法人は特別な場合を除いて，会社法や金融商品取引法などの定めに従い，決算を行わなければなりません。そして法人の所有する債券は，決算時に決められた方法に従って会計処理されなければなりません。

従来，法人が購入した債券は決算時にも購入価格を評価額として会計処理されてきました。この処理方法を原価法といいます。債券に係る会計処理で特徴的なことの一つに，アモチゼーションとアキュムレーションがあります。

これは，その購入価格と償還価格との間に差がある場合(すなわち，アンダーパーあるいはオーバーパーの債券を購入した場合)，その購入価格と償還価格との差額を一定の方法で調整することです。オーバーパー債券の減額損計上をアモチゼーション，アンダーパー債券の増額益計上をアキュムレーションといいます。このような処理方法を特に償却原価法と呼び，償却原価法によって算出した価額を償却原価といいます。

(2) 時価会計

時価会計処理とは，ある価格で購入した債券の価格がその後変化した場合に，その債券を売るつもりがなくても会計処理上は取得価格ではなく今現在の価格で評価することです。

従来，法人が購入した債券は原価法で会計処理されてきたこ

とは前に述べたとおりですが，経済環境が変化する速度が増すとともに，債券の流通市場が発達したことにより，債券価格の変化もより速く，より明らかになってきました。いったん購入された債券は実際に売ろうと思った場合に取得したときの価格で売れるとは限りません。つまり，取得したときの金額がその後もずっと通用するわけではないため，日々の変化に応じて損益(いわゆる「含み損益」)を把握すべきとの考え方が企業会計にも取り入れられました。

したがって，現在の会計基準では時価評価が原則となっています。ただし，保有目的によって購入価格である取得原価や償却原価を使って処理することも認められています。具体的には，有価証券は①売買目的有価証券，②満期保有目的の債券，③子会社株式および関連会社株式，④その他有価証券の4つに分類する必要があり，債券の場合は①②④のいずれかに分類します。各保有目的区分への分類は取得時に行い，原則として変更は認められていません。

保有目的区分ごとの処理の概要は表3-22にまとめていますが，この中ではその他有価証券に注目してください。この分類に入るものは，貸借対照表上は時価で処理され，損益計算書上は時価が適用されません。

実は，日本の金融機関は，国債をはじめとする債券を投資目的で大量に保有しています。これらの債券は，利ざや稼ぎを目的として何度も売買を繰り返すといったものではありませんし，かといって絶対に満期まで売られないという性質のものでもありません。マーケットの状況やポートフォリオの方針変更次第では，保有している債券を手放すことも珍しくはないからです。

保有している債券を満期保有目的の債券に分類していると，その債券を手放すことは難しくなります。満期保有目的の債券を売却した場合，原則として残りの満期保有目的の債券をすべ

III 債券投資の基礎

表3-22 有価証券の保有目的区分

保有目的区分	定義	処理の概要
売買目的有価証券	時価変動により利益を得ることを目的として保有する有価証券	貸借対照日における時価をもって貸借対照表価額とし、評価差額は損益計算書に計上
満期保有目的の債券	満期まで所有する意図をもって保有する社債その他の債券(あらかじめ償還日が定められており、かつ、額面金額による償還が予定されていることが必要)	取得原価をもって貸借対照表価額とするが、債券を債券金額と異なる金額で取得した場合において、その差額の性格が金利調整と認められる場合には償却原価法により評価
子会社株式および関連会社株式	子会社・関連会社に対する投資など	個別財務諸表上は取得原価をもって貸借対照表価額とする
その他有価証券	売買目的有価証券、満期保有目的の債券、子会社株式および関連会社株式以外の有価証券	貸借対照表日における時価をもって貸借対照表価額とし、時価と取得価額の差額、または時価と償却原価との差額をその他有価証券評価差額金として認識

て他の区分に変更する(≒時価評価する)ことになってしまうからです。したがって、その他有価証券という分類に入れられることになったわけです。

(3) 債券に係る税制

ほかのさまざまな経済活動から上がる収益・所得に幅広く税金が徴収されるのと同様に、債券から生じる収益も課税されます。その税制の仕組みを細かく見ていくと、きりがありませんが、ここでは大きな柱として、「債券から発生した収益には所得税15%、住民税5%が課せられ、それらの税金は金融機関が源泉徴収(給与所得などと同じように国の代理として所得から

表3-23 有価証券の税務上の区分

税務上の区分		会計上対応すると考えられる区分の例	債券を前提とした税務上の評価の例
売買目的有価証券		売買目的有価証券	時価のある債券は時価評価,時価のない債券は償却原価法
売買目的外有価証券			
	満期保有目的等有価証券		
	・税務上の満期保有債券	満期保有目的の債券	償却原価法により評価
	・税務上の企業支配株式	子会社・関連会社株式	取得原価により評価
	その他有価証券	その他有価証券	償却原価法または取得原価により評価

税金を控除)する」と覚えておけばよいと思います。

そして,法人の場合,源泉徴収によって収められた税金は法人税額からその所有期間に応じて差し引かれることになります(税額控除)。また,金融機関などについては源泉徴収されずに法人税の中に含めて処理される例外規定があります。

会計処理に対応して,企業税務の場合にも時価会計を前提とした制度が導入されました。具体的には,法人の所有する有価証券を売買目的有価証券と売買目的外有価証券に区分し,売買目的有価証券は基本的に時価で処理されます。ただし,時価がない場合は,売買目的有価証券でも償却原価法または帳簿価格によって評価することとされている点は会計上の取り扱いと異なります。

一方,売買目的外有価証券については,一切,時価評価を行いません。つまり,会計上との違いはその他有価証券を時価評価しないことです。

[IV] 各国債券市場の仕組み

1 国内市場

債券に関する仕組みや基礎知識を踏まえたうえで、次は各国の債券市場の特徴を見てみましょう。まずは、国内市場からです。図4-1は公社債の現存額(まだ償還されていない債券の総額)の比率を、公社債の種類別に見たものです。現存額のうち約8割は国債が占めており、これに地方債や政府保証債などを加えた公共債の比率は約9割です。このように日本の債券市場は国債を中心に公共債の比率が高いのが特徴です。したがって、債券相場について語られる場合、断りがなければ国債相場の話をしていると考えてもほぼ差し支えはありません。

ただし、1990年代半ばまでは公社債に占める国債の比率は5割を下回っていました。その後比率が上昇していった背景に

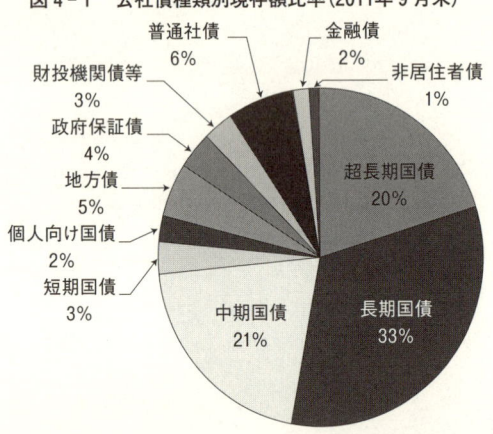

図4-1　公社債種類別現存額比率(2011年9月末)

種類	比率
普通社債	6%
金融債	2%
非居住者債	1%
超長期国債	20%
長期国債	33%
中期国債	21%
短期国債	3%
個人向け国債	2%
地方債	5%
政府保証債	4%
財投機関債等	3%

(注)　2011年9月末の公社債合計現存額は974兆円。図表は資産担保型社債0.1%、転換社債0.1%を含む。
(資料)　日本証券業協会

IV 各国債券市場の仕組み

は，バブル崩壊後の景気低迷が続く中で，大幅に減少した税収を補い，景気を浮揚させるために財政政策が相次ぎ，国債が大量に発行されたことが挙げられます。

一方，民間債に関しては，バブル崩壊以降，株価が大幅に下落したことを背景に，株券と転換することのできる転換社債（現在の転換社債型新株予約権付社債）や，新株を引き受ける権利のついたワラント債（同新株予約権付社債）の発行は大幅に減少しました。また，不良債権処理に伴う金融機関の統合が進む中で金融債の発行が大幅に減少したことも，民間債の比率低下につながりました。

普通社債に関しては，1990年度末の現存額10兆円から2000年度末には50兆円と5倍に拡大しました。グローバル化の流れの中で，金融機関からの借入を中心とした間接金融から直接金融へといった動きが背景とあったと考えられます。しかし，企業の設備投資が低迷する中，発行額は1998年にピークをつけた後は伸び悩んでいます。

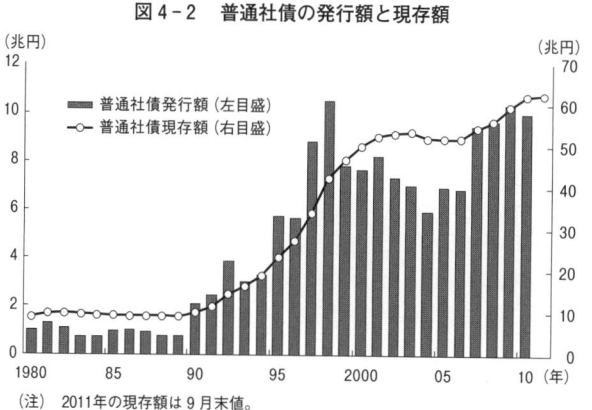

図4-2 普通社債の発行額と現存額

(注) 2011年の現存額は9月末値。
(資料) 日本銀行，日本証券業協会

2 米国債券市場

(1) 米国債券市場の特徴

米国の債券市場は発行残高,取引高において世界最大の市場です。まず,ほかの海外市場に比べてどのような特徴があるのかを見てみましょう。米国債券市場では,米財務省が発行する財務省証券(いわゆる「米国債」,日本国債に相当する)をはじめとする多くの種類の債券が発行されています。とりわけ,社債やモーゲージ担保証券,(狭義の)資産担保証券の発行・流通が盛んであることが他市場に比べて大きな特徴です。

米国では,日本や欧州と異なり,企業が金融機関を通じて資金を調達する間接金融よりも,社債発行により資金を調達する直接金融が主流です。

社債市場の成長の背景には,①発行時の適債基準がなく原則的に自由に社債発行ができたこと,②信用リスクを中立に客観的に評価する格付会社が定着していたことなどが考えられます。米国の代表的な格付会社としてはムーディーズ(Moody's)やスタンダードアンドプアーズ(S&P)などが挙げられます。

2011年9月末時点の種類別発行残高比率を見ると,国債,モーゲージ担保証券,社債が各々2〜3割を占めており,米国債券市場の多様性が表れています(図4-3)。また,発行額の推移を見ると,06年までは資産担保証券の伸びが目立っていましたが,サブプライム問題の発生を受けて07年からは発行額が急減しています。

一方,金融危機への対応から大規模な財政政策を行った結果,2009年から国債の発行が急増しています。11年8月にオバマ政権と米議会は財政健全化策について合意しましたが,S&Pは「米財政の中期的な安定に必要とされる内容としては不十分」として米国債の長期信用格付を最高水準の「AAA」

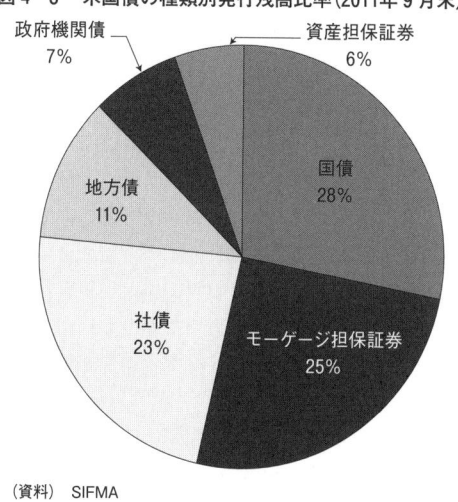

図4-3　米国債の種類別発行残高比率(2011年9月末)

- 政府機関債 7%
- 資産担保証券 6%
- 国債 28%
- モーゲージ担保証券 25%
- 社債 23%
- 地方債 11%

(資料) SIFMA

から「AA＋」に引き下げました。S&Pが米国債を格下げするのは，1941年に現在の格付制度が発足して以来初めてのことです。

(2) 発行債券の種類

以上のように，米国市場で発行される債券には，国債(財務省証券)，政府機関債，地方債，社債，そのほかにモーゲージ担保証券，資産担保証券などがあります。

それでは，それぞれどのような債券か見てみましょう。

①米国債　米国連邦政府(財務省)が発行する財務省証券には，市場性証券(国債)と非市場性証券があります。さらに国債は，①期間が1年未満の割引債であるT-BILL(Treasury Bill：財務省短期証券)，②期間が1年超10年以下の利付債であるT-NOTE(Treasury Note：財務省中期証券)，③期間が10年を

超える利付債 T-BOND（Treasury Bond：財務省長期証券）に分けられます。これらの証券は，いずれも FRB（連邦準備銀行）による入札方式で発行されます。

図4-5は FRB が公表している米国の資金循環勘定（Flow of Funds Accounts）における投資主体別の国債保有残高比率ですが，これを見ると，国債のうち4割強は海外の投資家が保有していることが分かります。また，海外投資家の中ではかつては日本の保有比率が最も高く，2004年には37％を占めていましたが，08年以降は中国に逆転されています。近年成長が著しい中国は，経常黒字の拡大と元高抑制のための為替介入によって外貨準備が急拡大しており，その資金で米国債を購入しているようです（図4-6）。

②政府機関債　政府機関債（エージェンシー債）には，①国防省，連邦住宅局，政府住宅抵当金庫（GNMA：「ジニーメイ」と呼びます）などの連邦政府機関が発行し政府保証が付与され

図4-4　米国債の種類別発行額の推移

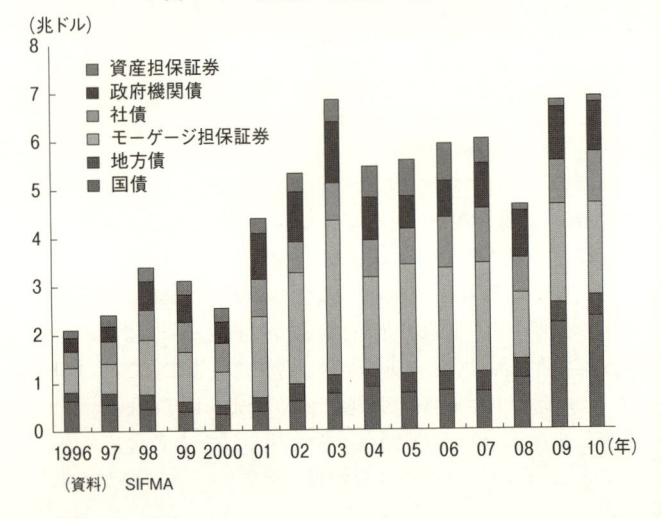

(兆ドル)

凡例：
- 資産担保証券
- 政府機関債
- 社債
- モーゲージ担保証券
- 地方債
- 国債

（資料）SIFMA

Ⅳ 各国債券市場の仕組み

図4-5 米国債の保有者(2011年9月末時点)

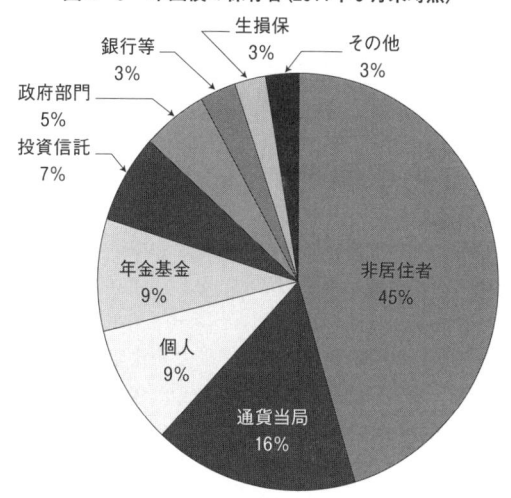

- 非居住者 45%
- 通貨当局 16%
- 個人 9%
- 年金基金 9%
- 投資信託 7%
- 政府部門 5%
- 銀行等 3%
- 生損保 3%
- その他 3%

(資料) FRB「Flow of Funds Accounts」

図4-6 海外保有米国債の国別保有比率

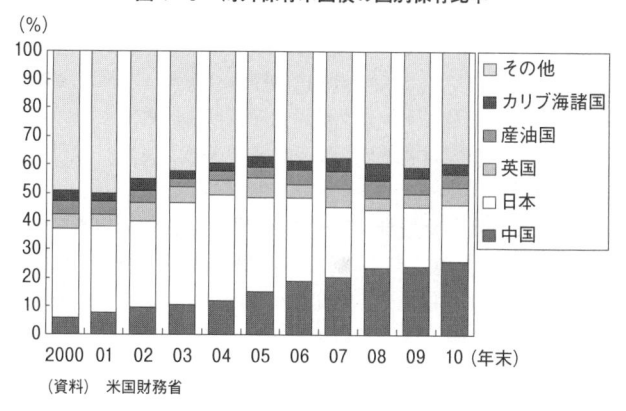

凡例: 中国、日本、英国、産油国、カリブ海諸国、その他

(資料) 米国財務省

る連邦政府機関債券と，②連邦住宅貸付銀行(FHLB)，連邦抵当金庫(FNMA：「ファニーメイ」と呼びます)，連邦住宅貸付抵当公社(FHLMC：「フレディマック」と呼びます)など民間の政府系機関が発行する，直接の政府保証のない政府関連機関債があります。

　政府関連機関債も政府保証はないものの政府の監督下にあることや特別立法によって設立された経緯から，政府機関債同様に，米国債に次いで高い信用力の債券として世界中の機関投資家に人気のある投資対象でした。しかし，サブプライム問題によって，2008年9月に米政府はファニーメイとフレディマックの住宅公社2社を公的管理下に置くことを決定しました。

　③地方債　地方債には，設備の整備や改善のために米国の各州の州政府が発行する州債と市町村などの自治体が発行する自治体債があります。この債券の利子所得には連邦所得税が賦課されませんが，その分，利回りがほかの債券に比べ低くなっています。

　④社債　国債やモーゲージ担保証券とともに，米国債券市場の中核を担っている社債は，普通社債のほか，転換社債，ワラント債，永久債，ゼロクーポン債，ジャンク債(格付がダブルB以下で信用リスクが高い分利率が高い)など，多様な種類が発行されています。ジャンク債は企業買収手段として用いられましたが，現在では新興成長企業の資金調達手段として利用されています。

　⑤モーゲージ担保証券　モーゲージ担保証券は，住宅ローンを証券化したものです。第Ⅱ章でも触れましたが，証券化とは，資金調達者が債権を，媒介となる先に売却または担保とし差し出し，その媒介先がその債権を投資家のニーズに合わせて再構成し証券発行する仕組みです。

　GNMA，FNMA，FHLMCといった政府機関や政府関連機関が中心となって発行して元利の支払保証を行っており，これ

らの機関が発行しているモーゲージ担保証券は信用力が高いものとなっていました。

一方，商業銀行をはじめとするさまざまな民間機関もモーゲージ担保証券を発行していますが，原債権者の信用力とは切り離されてその証券自体の信用力が格付となることや信用補完されていることから，サブプライム問題が起こるまでは，多くが高い格付を得ていました。

⑥資産担保証券　モーゲージ以外の資産を証券化したものに，（狭義の）資産担保証券があります。資産担保証券は，消費者向けの自動車ローン債権やクレジットカード債権，商取引から発生する売掛債権，銀行の貸付債権，リース債権といった債権を証券化したものです。米国では，以前は銀行や一般企業がこれにより資金調達を活発に行っていました。

資産担保証券発行による資金調達者のメリットとしては，①資産が簿外となること，②単独では販売・流動化が難しい小口のローンも売却が可能になること，③証券化された商品そのものの格付に応じて発行されるので，信用力の低い調達者でもその信用力とは関わりなく，資金調達コストを小さくすることが可能であることなどが挙げられます。

⑦ヤンキー債　国際機関，外国政府，海外民間企業といった非居住者が発行するドル建債券で，非居住者に対する利子源泉課税はかかりません。ヤンキー債は，日本で非居住者が円建てで発行するサムライ債に相当します。格付の高い優良発行体のドル建てでの資金調達の場はユーロ債（後述）市場ひいてはグローバル市場へと移ってしまったため，現在はヤンキー債市場は，シングルA以下の格付の低い海外発行体の資金調達の場となっています。

3　ユーロ圏債券市場

　1999年1月1日，欧州11ヵ国に，単一通貨ユーロが導入されました。このことによって，ユーロ圏各国(当初はドイツ，フランス，イタリア，スペイン，ポルトガル，ベルギー，オランダ，ルクセンブルク，オーストリア，アイルランド，フィンランドの11ヵ国，2001年にギリシャ，07年にスロベニア，08年にキプロスとマルタ，09年にスロバキア，11年にエストニアが加わり11年末時点で17ヵ国)の債券は，1999年以前に発行された債券も含め，それまでの各国通貨建てからすべてユーロ建てとなりました。ユーロ圏内の投資家にとっては為替リスクが除去され，圏外の投資家にとっては圏内各国の債券がいずれも同一為替リスクとなったわけです。

　投資家にとってより購入しやすい環境となったことから，ユーロ圏の債券発行残高は増加基調をたどり，2011年9月末にはユーロ発足前の1998年末と比較して約3倍の規模にまで拡大しています。種類別に見ると，国や地方自治体が発行する公共債が47％，銀行と非銀行金融機関の発行する金融債が53％，金融機関以外の一般事業会社が発行する社債が5％となっています。1998年末は公共債が約6割を占めていましたが，2004年以降金融債のシェアが拡大し，公共債を逆転しています。

　では，種類ごとにその特徴を見ていきましょう。公共債の中心は国債です。ユーロ導入によって投資家にとってはどの国債に投資してもユーロ建てという点で為替面では相違がないことから，ユーロ圏各国の国債市場間で競争が激化しました。その結果，発行期間の多様化，流動性強化，発行残高の増大，国債市場の改革などユーロ建国債市場は大きく発展しました。

　国債市場の発展とともに，非居住者(発行国以外のユーロ圏居住者を含む)によるユーロ圏国債の保有比率も大幅に上昇し

Ⅳ　各国債券市場の仕組み

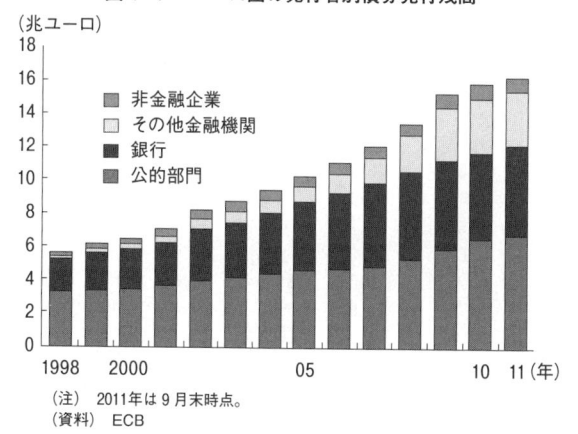

図4-7　ユーロ圏の発行者別債券発行残高

(兆ユーロ)

凡例：
- 非金融企業
- その他金融機関
- 銀行
- 公的部門

(注) 2011年は9月末時点。
(資料) ECB

ました。ECB（欧州中央銀行）が公表している借入などを含むユーロ圏公的部門の資金調達先を見ると、ユーロ導入前は2割台だった非居住者からの調達比率が2010年には5割を超えていることから、公債保有者の比率も上昇していると考えられます。実際、相対的に流動性の高いフランス国債の非居住者の保有比率は約68％、ドイツは約60％となっています（共に2010年末時点）。

ユーロ建国債の中では、イタリア国債、ドイツ国債、フランス国債の発行残高が大きいのですが、多くの投資家が取引にあたって参考とする指標銘柄はドイツ国債です。

もともとドイツ国債はユーロ導入以前からドイツマルクの強さやドイツ連邦銀行(中央銀行)の強いインフレ抑制姿勢を背景に、長年欧州債の中の指標銘柄となっており、利回りも欧州内で総じて最も低く推移してきました。ドイツ国債は、償還期間が10年もしくは30年の長期国債（Bunds）、同5年の中期貯蓄国債（Bobls）、同2年の短期国債（Schätze）、同半年の割引財務省

表4-1 ユーロ圏公的部門の資金調達方法と資金供給者の内訳

(単位:%)

年	資金調達方法		資金供給者			
	公債	借入等	銀行	その他金融機関	その他	非居住者
1996	73.5	26.4	40.3	16.1	21.2	22.4
1997	74.5	25.6	38.3	18.4	18.5	24.8
1998	75.3	24.7	36.4	19.9	15.6	28.0
1999	76.0	24.2	35.3	19.0	13.5	32.4
2000	77.0	23.0	31.9	17.8	13.7	36.6
2001	77.6	22.3	30.5	16.4	15.7	37.2
2002	78.7	21.3	28.8	15.9	15.4	39.7
2003	79.2	21.0	28.7	16.4	13.3	41.8
2004	79.6	20.6	27.2	16.0	12.7	44.2
2005	79.4	20.7	25.7	15.9	10.9	47.3
2006	79.2	21.0	26.7	13.6	10.8	49.0
2007	79.8	20.2	25.8	12.8	10.7	50.7
2008	80.3	19.7	25.4	11.1	10.8	52.6
2009	81.2	18.9	25.8	11.2	9.8	53.3
2010	79.4	20.8	27.4	11.3	8.8	52.5

(注) 非居住者は資金調達国以外のユーロ圏内居住者を含む
(資料) ECB

証券(Bubills)の4種類があります。

ドイツ国債と並んで流動性が高いのが、フランス国債です。1年未満の短期国債から超長期国債までバランスのよい期間構成となっていること、ストリップ債やインフレ連動債など種類が多様であること、などから海外の投資家からも選好され、一時はドイツ国債を下回る利回りで取引されたこともありました。

しかし、ギリシャ問題に端を発した欧州債務危機によって信用力が低下し、ドイツ国債とのスプレッドが拡大するとともに、2012年1月にはS&Pによって最高格付けのAAAからAA+への格下げが発表される事態となっています(表4-2)。フ

Ⅳ 各国債券市場の仕組み

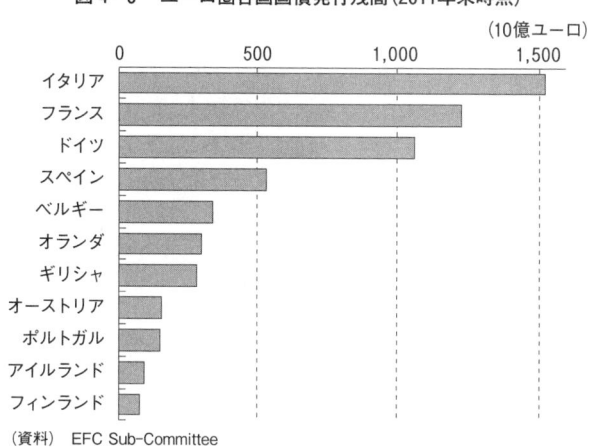

図 4-8 ユーロ圏各国国債発行残高(2011年末時点)

(10億ユーロ)

- イタリア
- フランス
- ドイツ
- スペイン
- ベルギー
- オランダ
- ギリシャ
- オーストリア
- ポルトガル
- アイルランド
- フィンランド

(資料) EFC Sub-Committee

ランスの主な国債は，償還期間が7～50年の長期国債(OAT)，同2年または5年の中期国債(BTAN)，同1年以内の割引短期国債(BTF)です。

ところで，フランス国債の例でも分かるように，ユーロ圏のどの国債に投資するかを判断する際には，信用力格差を意識する必要があります。ユーロが導入され，金融政策が一本化された後も財政政策はそれぞれの国に任されているため，各国の財政状況などによってソブリンリスク(国の信用リスク)には違いが存在します。

本来であれば，こうした違いは，利回り格差(スプレッド)や信用格付に反映されるはずですが，常にそうであるとは限りません。たとえば，通貨統合に際して，ユーロ圏各国は財政赤字を一定の範囲内に収めるという成長安定協定を結びました。各国がこれを守っていけば国の信用格差は小さくなり，各国債間の利回り格差は縮小するとの期待から，ユーロ導入決定後，ユーロ圏各国の国債利回りは次第に収斂していきました。

しかし，2010年から11年にかけては，欧州債務危機が発生し，ソブリンリスクが強く意識される中，各国間スプレッドが一気に拡大し，多くの国が格下げされる状況となっています。

リーマン・ショック後の景気後退で各国とも財政出動を余儀なくされたこともありますが，それ以前から実力以上に低金利での資金調達が可能になったことや海外からの資金流入で国内の資産バブルを生んだことなどを背景に，特に南欧諸国を中心としたPIIGS（ポルトガル，イタリア，アイルランド，ギリシャ，スペインの頭文字）などは潜在的な財政リスクを拡大させていたといえるでしょう。

欧州債務危機の背景にあるのは，上述した「金融政策は共通だが財政政策がバラバラ」というユーロ圏が抱えている構造問題であり，今後，ユーロ圏の国債市場が再び安定化するには，目先のセーフティネットを準備するだけでなく，財政の共通化

図4-9 ユーロ圏主要国の国債利回り格差（対ドイツ国債）

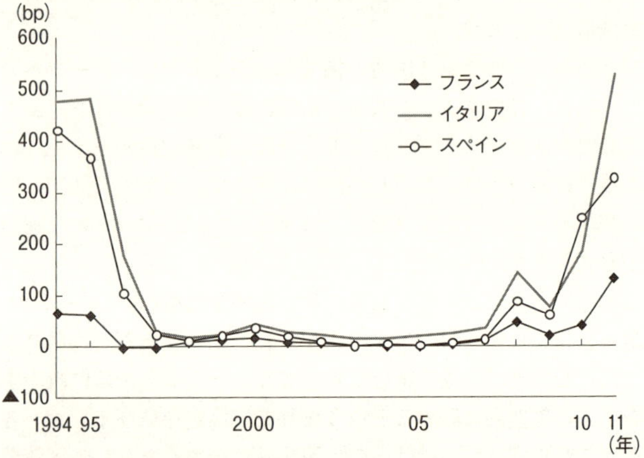

（注）ドイツ10年国債利回り－各国10年国債利回り，1bp＝0.01％
（資料）Bloomberg

Ⅳ 各国債券市場の仕組み

表4-2 ユーロ圏各国の国債格付

	Moody's	S&P	フィッチ
ドイツ	Aaa	AAA	AAA
オランダ	Aaa	AAA*	AAA
フィンランド	Aaa	AAA*	AAA
フランス	Aaa*	AA+*	AAA*
オーストリア	Aaa*	AA+*	AAA
ベルギー	Aa3*	AA*	AA*
イタリア	A3*	BBB+*	A-*
スペイン	A3*	A*	A*
アイルランド	Ba1*	BBB+*	BBB+*
ポルトガル	Ba3*	BB*	BB+*
ギリシャ	Ca*	CC*	CCC

(注) 2012年2月15日時点。＊印付与はネガティブウォッチ
(資料) Bloomberg

を進めていく必要があります。しかし，これは国家主権を一部制約することであり，各国が国民の理解を得ながら進めていくことはかなり困難であり，仮に可能であるとしても相当の時間を要する可能性が高いでしょう。

次はユーロ圏で最も発行残高の多い金融債です。金融債の発行主体は，銀行と銀行子会社などの非銀行金融機関に分けられ，2010年末では銀行が6割を占めています。銀行の発行する金融債は，保証形態によってカバードボンドとそれ以外の債券（資産担保証券等）に分けられます。

カバードボンドとは，各種担保を裏付けとする債券のことで，投資家は担保債権と発行銀行の両方に債務の履行を請求できるため，信用リスクが低いことが特徴です。つまり，発行金融機関自体に支払能力がある限り，担保債権の資産状況にかか

わらず債券保有者に対して支払いが保証され，逆に発行金融機関が支払不能になった場合には，債券保有者は担保債権に対する直接請求権を行使できるのです。

カバードボンドの担保債権は，公共部門向け貸付と不動産担保貸付が大半です。カバードボンドの発行残高が最も多いのはドイツで，ユーロ圏の約6割を占めています（2010年末時点）。ドイツのカバードボンドはファンドブリーフ債と呼ばれ，戦後から成長してきました。2001年にはユーロ圏の9割以上を占めていましたが，その後スペインやフランスで発行量が増え，シェアが低下しました。ユーロ圏以外で発行残高が多いのは，デンマーク，英国，スウェーデンなどです。

COFFEE BREAK
欧州債務危機

欧州債務危機とは，ギリシャ問題に端を発し，2011年にかけてイタリア，スペインなどを含め，ユーロ圏全体の債務問題に拡大していった一連の事象のことです。事の発端は，09年に発足したギリシャのパパンドレウ新政権が，前政権時代の歳出計上などで漏れがあったとして，財政赤字を大幅に上方修正したことです。

当初の市場の反応は限定的でしたが，格下げやギリシャ国債の暴落，さらにギリシャ以外の南欧諸国に対する懸念も広がる中，2010年5月EUとIMFは総額1,100億ユーロのギリシャ支援と総額7,500億ユーロの金融安定化ファシリティ（EFSF）創設に合意しました。しかし，事態は収束せず，10年11月にはアイルランド，11年4月にはポルトガルが金融支援の要請に追い込まれました。

欧州各国は，EFSFの後継となるESM（欧州安定メカニズム）の創設合意（2010年10月），ギリシャ第二次支援策とEFSFの機能拡充合意（2011年7月），ギリシャ追加支援やEFSFの利用可能額拡大などの包括合意（2011年10月），財政規律強化等の合意（2011年12月）など市場の圧力に押される形で対策を発表しましたが，いまだ市場の安定化には至っていません。市場では欧州発の金融危機やユーロ崩壊などに対する不安も指摘されるなど，2012年初において現在進行形の問題となっています。

また、カバードボンドはサブプライム金融危機以降の混乱の影響が少なかったことから、注目を集めており、日本でも発行が検討されています。

最後に社債について触れておきます。ユーロ導入後の社債発行残高は、国債や銀行発行の金融債以上の伸び率となっていますが、シェアはいまだ5％にすぎません。欧州では日本と同様間接金融比率が高く、株式を除く資金調達方法の大半は銀行借入です。理由としては、中小企業が多いことなどが挙げられますが、多くの企業が金融子会社を保有し、この金融子会社は、統計上は非銀行金融機関に含まれる点には留意が必要です。

4 英国債券市場

英国の債券市場は、ユーロ建て以外の欧州債券市場の中では最も規模の大きな市場です。英国はユーロに参加していないので、ポンド建てで債券が発行されています。

英国市場で発行される債券には、①公共債、②社債、③ブルドック債（非居住者が発行するポンド建外債で日本のサムライ債、米国のヤンキー債に当たるが、後述のユーロポンド市場に取って代わられている）があります。

公共債の中心は国の発行する中央政府債で、代表的なものに利付債であるギルト債（ギルト・エッジ債）があり、ほかにインフレ指数に連動して利率や償還価格が変動するインデックス・リンク債（物価連動債）や個人向けの国民貯蓄証券などが発行されています。また、イングランド銀行（英国中央銀行）が行う公開市場操作に使われる割引債である大蔵省証券などもあります。

ギルト債は、期間別には短期債、中期債（5年〜）、長期債（10年〜）が発行されており、その3割強が非居住者によって保有されています。

5　国際債券市場

ここまで,米国,ユーロ圏,英国と各国市場で発行される債券を市場別に見てきました。各国とも,居住者がその国の通貨

表4-3　BISによる債券の分類

起債が行われる国の	居住者による発行	非居住者による発行
自国通貨建て	国内債	外債(ヤンキー債,サムライ債,ブルドック債など)
外貨建て	ユーロ債	

(注)　網掛け部分が国際債

建てで発行する債券と,各国内で非居住者がその国の通貨建てで発行する外国債(ヤンキー債,ブルドック債)がありました。

次に,個別の国の市場ではない国際的な市場で発行される債券,ユーロ債について見てみましょう。

たとえば日本以外の国で発行または募集され,日本以外の投資家に広範に販売される円建債券は,ユーロ円債です。ユーロといっても,ユーロ圏内で発行された債券という意味ではなく,国境を越えて国際的なシンジケート団によって国際的に取引される債券です。同様にドル建てで発行された債券はユーロドル債,ユーロ建てで発行された債券はユーロユーロ債といいます。

ユーロ債市場は,各国通貨当局のコントロールが及ばない規制の少ない自由な市場です。各国市場も自由化が進展してはいますが,ユーロ債の①利子源泉非課税,②無記名,③簡便な発行手続き,④金利,為替スワップを組み合わせるなど,多様な発行形態が可能といった特徴は,発行者にとって大きな魅力です。

Ⅳ 各国債券市場の仕組み

　国際機関(BIS, OECD)の定義では、このユーロ債と、前述の各国内においてその国の通貨建てで非居住者が発行する外国債とを合わせて、国際債(International Bonds)と分類しています。

　また、複数の市場で同時に発行・販売される債券で、1銘柄当たりの発行額が大きい債券をグローバル債と呼び、国際債に分類されています。グローバル債は、世界銀行などの国際機関や各国政府・政府機関、世界的な一流企業がさまざまな通貨建てで発行しています。世界の主要な資本市場で複数の決済機関を使って取引できることが、特徴です。

　国際債発行残高全体を通貨別に見たのが図4-10です。通貨別シェアは年によって変遷があり、1985年以降、ドルの基軸通貨としての地位が低下するに伴い、一時ドル建てのシェアも大きく低下しましたが、その後再びドルの基軸通貨性が見直され2000年頃には残高に占めるドル建てのシェアは過半を占めていました。しかし、ユーロが導入された1999年以降はユーロ建てでの起債が増加し、2011年9月末ではユーロのシェアが45%とドル建の39%を上回っています。一方、1989年には4割近く

図4-10　国際債発行残高の通貨別、発行体国籍別内訳

(2011年9月末時点)

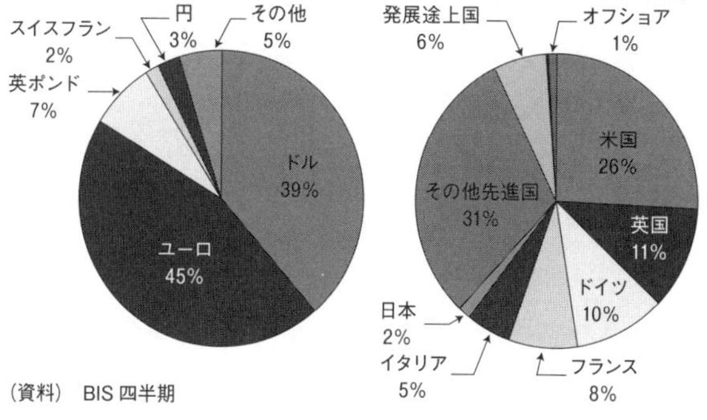

通貨別:
- ドル 39%
- ユーロ 45%
- 英ポンド 7%
- スイスフラン 2%
- 円 3%
- その他 5%

発行体国籍別:
- 米国 26%
- 英国 11%
- ドイツ 10%
- フランス 8%
- イタリア 5%
- 日本 2%
- その他先進国 31%
- 発展途上国 6%
- オフショア 1%

(資料) BIS 四半期

だった円のシェアは今やわずか3％程度です。

　国際債券の発行残高を発行体の国籍別に見ると，約9割が先進国により発行されており，特に米国の発行が目立ちます。

　そして，発行機関別に見ると，金融機関が約7割強，企業が2割弱を占めています。さらに種類別に見てみると，固定利付債が7割とそのほとんどを占めています（図4-11）。

図4-11　国際債発行残高の発行機関別，種類別内訳

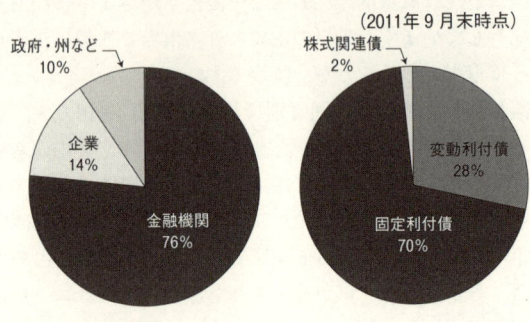

(2011年9月末時点)

政府・州など 10%
企業 14%
金融機関 76%

株式関連債 2%
変動利付債 28%
固定利付債 70%

（資料）　BIS 四半期

[V] 債券相場を動かす要因

1 何が債券相場を動かしているのか

　債券相場を変動させる要因としては,経済のファンダメンタルズ(基礎的条件),金融政策,他市場動向,需給要因などが挙げられます。実際には,これらの要因がそれぞれ単独で影響を与えるわけではなく,複合的にからみ合って影響を及ぼします。

　債券も市場で流通しているからには,ほかの商品市場と同様に需給関係で動くことは当然です。しかし,株式が個別企業の業績や経営状態を反映して銘柄ごとに個別の動きをすることが多いのに対し,償還までの残存期間によって多少の違いはあるものの,債券市場では全体として同方向に動く傾向が見られます。

　期間全体の動きが今後上下どちらの方向にいくのか,それが国内金利動向であり,いい換えれば債券相場動向です。この国内金利動向を動かすのが経済のファンダメンタルズや金融政策ということになります。経済のファンダメンタルズの中で最も重要なのは,景気循環と物価動向です。

　長期金利は,一般には,将来の短期金利予想値の平均にリスクプレミアムが加わったものと理解できます。将来の短期金利の水準は金融政策に依存しますから,金融政策を予想することは金利動向を占ううえで重要な要素となります。市場が将来の短期金利(または金融政策)をどのように予想しているかは,利回りの期間構造を見ることである程度把握できます。

　また,資金移動のグローバル化や運用の機関化が進み,資産を分散して運用するポートフォリオマネジメントが意識されるようになっていますから,他市場動向の動きについては,景気,資金需給の両面からの影響を捉える必要があります。

　需給については,全体観をつかんでもらうという趣旨から資

金循環について触れた後,供給面と需要面に分けてその影響を見ることにしましょう。

以下,景気や物価との関係を見たうえで,それらを総合した経済成長率との関係を,また短期金利動向を決める金融政策を見たうえで長短金利の関係と利回りの期間構造について,さらには他市場動向(海外・為替・株式),需給の順で解説します。

(1) 景気循環と金利変動

①景気とは

「景気」ということばは日常会話や新聞紙面などでよく使われますが,一体どのようなものでしょうか。一般的には,経済活動が活発なときは景気がよいといわれます。景気の良し悪しは,普段の生活の中でも実感できます。しかし,程度や今後の方向性までは分かりません。また,景気には,個人や企業レベルの「ミクロの景気」と,国全体のことを論じる「マクロの景気」があります。ここでは,後者を指すこととします。

景気とは,個人の消費活動や企業の生産活動などの集合体であり,一国の経済活動の状態を示すものです。国内の生産活動を全体として把握できる経済指標としてはGDP(国内総生産)

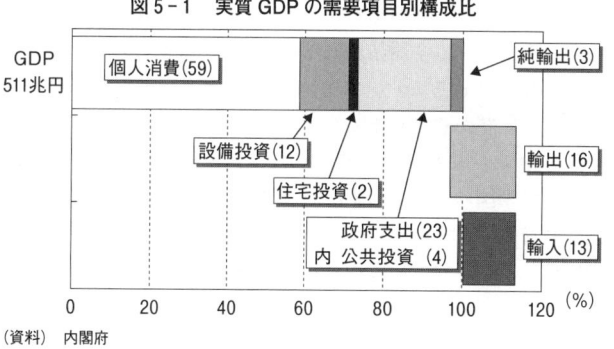

図5-1 実質GDPの需要項目別構成比

GDP 511兆円
個人消費(59)
設備投資(12)
住宅投資(2)
政府支出(23)
内 公共投資(4)
純輸出(3)
輸出(16)
輸入(13)

(資料) 内閣府

表5-1 景気循環の種類

循環名	平均周期	循環の主因
長期波動(コンドラチェフ・サイクル)	50~60年	技術革新
長期循環(クズネッツ・サイクル)	15~25年	建設投資
中期循環(ジュグラー・サイクル)	7~10年	設備投資
短期循環(キチン・サイクル)	3~5年	在庫投資

が最も有力で、景気もGDPの成長率の変化で捉えられます。GDPとは、一定期間内に国内で生産された財・サービスの総額のことで、日本の場合、各需要項目の内訳は図5-1のとおりです。

GDPは国際比較や政府の経済運営においてもきわめて重要な指標ですが、作成に時間を要するため速報性に欠け、景気の先行きを予想するには適さない面もあります。したがって、各種の経済指標や企業の業績などを分析することによって補い、経済活動の状態、つまり景気の現状を見ることになります。

②景気循環

景気循環(サイクル)は表5-1のとおり、一般に長短4種類あるといわれています。

これらのサイクルは相互に影響を及ぼし合います。長期波動には2~3回の長期循環が含まれ、また長期循環は2~3回の中期循環を含み、中期循環にはやはり2~3回の短期循環が含まれます。これらのいくつかの循環が同方向に重なり合う場合、より影響が強まります。

この中でも最も注目されるのが、短期循環です。これは、1923年に米国のキチンが米国および英国の物価・利子率・手形交換高などのデータを使って検出したもので、平均周期40ヵ月の短期サイクルです。このサイクルが発生する要因は在庫投資にあるというのが定説で、「在庫循環」とも呼ばれます。

ここで、生産と在庫の変動パターンを見てみましょう。景気

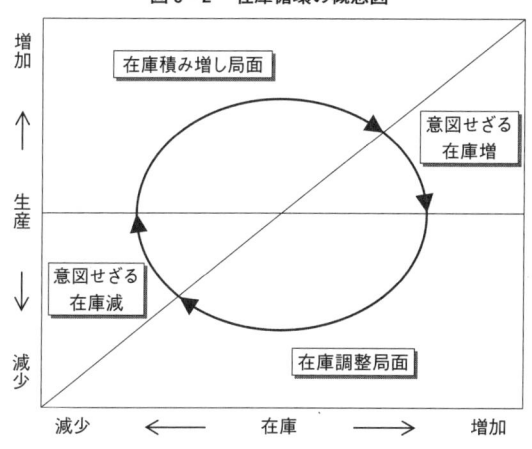

図5-2　在庫循環の概念図

縦軸：生産（増加↑／減少↓）
横軸：在庫（減少←／増加→）

- 在庫積み増し局面
- 意図せざる在庫増
- 意図せざる在庫減
- 在庫調整局面

が拡大期に向かうと，企業は生産活動を抑制から拡大へと徐々に切り替えます。しかも，需要の伸びに生産増が追い付かないため，結果として「意図せざる在庫減」が発生します。そこで企業は，さらに生産を増加させるため積極的な「在庫積み増し」を行います。しかし，景気が後退局面に入ると需要が減退し，生産を抑制しても「意図せざる在庫増」が発生して，さらに企業が生産抑制に向かうため，景気後退が本格化します。生産の抑制が続くと在庫は減少局面に入り，「在庫調整」が進展，やがて生産の減少幅が縮小し景気は回復に向かいます（図5-2）。

　実際に観察される景気循環は，概ねこのキチン・サイクルの周期で発生し，一般に「景気循環」といった場合，この在庫循環を指します。このキチン・サイクルは「在庫」と「生産」という企業活動そのものをベースとしたものだけに，資金需給や金融市場とは密接な関係にあり，金利を見るうえで最も重要なサイクルといえるでしょう。

表5-2 日本の景気循環

	転換点			期　間			通　称	
	谷	山	谷	拡張	後退	全循環	回復期	後退期
第1循環		51/06	51/10		(4ヵ月)		朝鮮動乱特需	特需の反動
第2循環	51/10	54/01	54/11	27ヵ月	10ヵ月	37ヵ月	投資・消費景気	昭和29年の不況
第3循環	54/11	57/06	58/06	31ヵ月	12ヵ月	43ヵ月	神武景気	なべ底不況
第4循環	58/06	61/12	62/10	42ヵ月	10ヵ月	52ヵ月	岩戸景気	昭和37年不況
第5循環	62/10	64/10	65/10	24ヵ月	12ヵ月	36ヵ月	オリンピック景気	昭和40年不況
第6循環	65/10	70/07	71/12	57ヵ月	17ヵ月	74ヵ月	いざなぎ景気	昭和46年不況
第7循環	71/12	73/11	75/03	23ヵ月	16ヵ月	39ヵ月	列島改造景気	第一次石油危機
第8循環	75/03	77/01	77/10	22ヵ月	9ヵ月	31ヵ月		第一次石油危機後の調整期
第9循環	77/10	80/02	83/02	28ヵ月	36ヵ月	64ヵ月		第二次石油危機	世界同時不況
第10循環	83/02	85/06	86/11	28ヵ月	17ヵ月	45ヵ月	ハイテク景気	円高不況
第11循環	86/11	91/02	93/10	51ヵ月	32ヵ月	83ヵ月	バブル景気	平成不況
第12循環	93/10	97/05	99/01	43ヵ月	20ヵ月	63ヵ月		
第13循環	99/01	00/11	02/01	22ヵ月	14ヵ月	36ヵ月		
第14循環	02/01	08/02	09/03	73ヵ月	13ヵ月	86ヵ月	いざなみ景気	世界的金融危機
平均期間(第2〜14循環)				36ヵ月	17ヵ月	53ヵ月		

(資料)　内閣府

　日本の景気循環については，内閣府が景気動向指数の動きや「景気動向指数研究会」の議論をもとに，「景気基準日付」を発表しています。この基準日付も，おおむね在庫投資の循環(キチン・サイクル)を捉えたものといえます。戦後の日本の景気循環を表5-2でまとめておきます。

③景気と金利の関係

　金利は景気と密接な関係にあり，景気循環と金利変動は，多少のズレはあってもおおむね連動した動きを示します。すなわち，景気が上向けば金利も上昇し，景気が下降に向かえば金利も低下傾向となります。これには金融政策と資金需給の2つの要因が考えられます。

　まず金融政策については，景気が改善する局面では景気過熱やインフレが懸念され，金融引締政策がとられて政策金利が引き上げられます。このため短期金利の上昇を通じて長期金利が上昇します。景気後退局面では経済成長の維持や雇用の安定が

V 債券相場を動かす要因

重要な課題となり,景気を刺激するため金融緩和策がとられ,政策金利の引き下げが行われます。この結果,金利は低下に向かいます。

次は需給要因についてです。景気がよければ企業は設備投資や在庫投資を増やすので,その資金を調達するために銀行借入や社債の発行を行います。この結果,世の中の資金需給が逼迫して金利に上昇圧力がかかります。不況時はこの逆で,企業は資金調達を極力抑えようとする一方で,銀行や機関投資家は手元にたまった資金を貸し出しに回すことができないため,債券市場での運用を増加させます。そうすると世の中の資金需給が緩和され,金利に低下圧力がかかります。

このように,金利の変動は景気循環と切っても切れない関係にあります。この関係を時系列的に見たものが,図5-3および図5-4です。

図5-3は,在庫指数の前年比増減率と生産指数の前年比増減率の推移を示したもので,いわゆる在庫循環(キチン・サイクル)です。前述のとおり,内閣府の景気判断(景気の山・谷)ともおおむね合致しています。図5-4は,同期間の政策金利

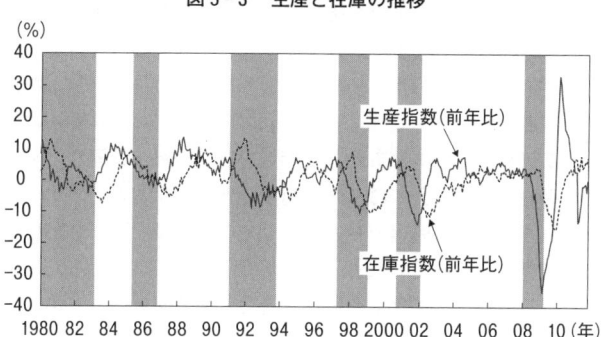

図5-3 生産と在庫の推移

(注) ▨▨▨ は景気後退期
(資料) 経済産業省

図 5-4 長期金利と政策金利の推移

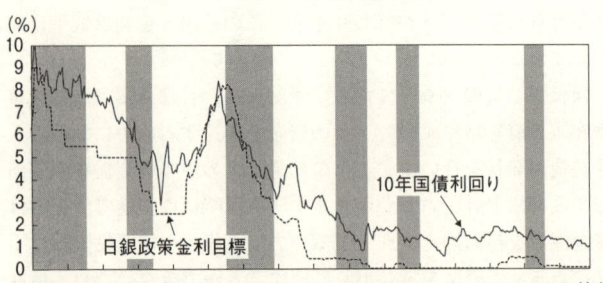

(注) 日銀政策金利目標は、95/3 までが公定歩合、95/4 以降が無担保コール翌日物、■は景気後退期
(資料) 日本相互証券、日本銀行

と長期国債利回りの推移です。両図からも、景気と金利がきわめて高い相関性を持って変動していることが見て取れます。したがって、景気循環が正確に把握できれば、金利の動きもある程度読めるということになるでしょう。

図 5-3 と図 5-4 をもう少し細かく見てみましょう。景気の上昇、下降と、金利の上昇、低下とは、局面によっては微妙にずれていることが分かります。たとえば景気が底を打って回復に向かう局面では、まず在庫指数がボトムを迎えます。多くのケースで、生産指数がボトムアウトした後で最後の政策金利引き下げが行われており、長期金利はさらにその後でボトムを迎えています。

こうしたズレが生ずるのは、景気の実態が経済指標などを通じて明らかになるまでに、ある程度時間を要するからです。そのほかにも、景気回復の初期の段階で金融政策を引き締めに転じて回復の芽を摘んでしまっては何にもならないといった理由で、緩和を継続して景気の後押しをしてやる必要がある場合もあります。企業もこの段階では景気回復に自信が持てないため、すぐに借入を増やしたりはせず、需給要因からも長期金利

は低下を続けます。

したがって、景気の底を認識することにより(事後的に来る)金利の反転時期も予測できるということになります。

(2) 物価と金利

物価と金利にも密接な関係があります。物価の上昇局面では金利が上昇し、物価の下落局面では金利が低下する傾向があります。図5-5は長期金利と物価の推移です。物価上昇率の上昇と金利上昇、物価上昇率の低下と金利低下がおおむね一致している状況が見て取れます。この場合も、政策面と需給面の2つの影響が考えられます。

まず、需給面での影響は、物価の変動が資金需給に変化をもたらすと見られることから起こります。物価とはその名が示すとおりモノの値段のことですが、これが上がれば相対的におカネ(貨幣)の価値が下がります。したがって、物価上昇が急速になってきた場合、個人や企業にかかわらず早めに借金をして家を購入したり、資金を調達して工場をつくろうとしたりします。ここで、このような貨幣価値の下落をもたらす物価の上昇

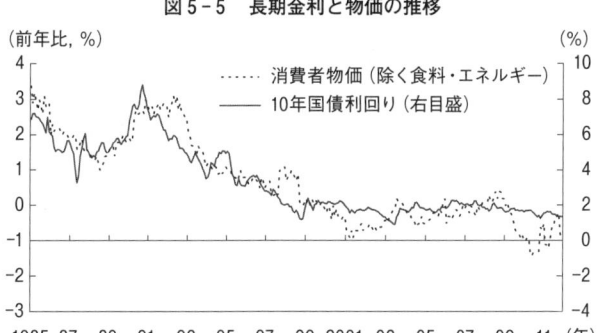

図5-5 長期金利と物価の推移

(注) 消費者物価は消費税導入による影響を除いたもの
(資料) 日本相互証券、総務省

が，資金の貸し手と借り手に与える影響を簡単な例で考えてみましょう。

ある企業が銀行から100万円を2％の金利で借り入れるとします。1年後の返済額は102万円です。しかし，借入期間中のインフレ率が貸出金利（2％）を上回る場合，実質的な返済額は当初借り入れた100万円より少なくてすみます。たとえば，物価上昇率が4％の場合には，返済額102万円の実質購買力は約98万円となり，借り手にとっては2万円程度の利益を得たことになります。

こうした状況を背景に銀行に対する借入意欲が高まると，資金需給が逼迫するため，金利の上昇要因となるわけです。逆に物価上昇率が金利を下回る場合は，借入意欲は減退し，資金需給が緩和するため金利の低下要因となります。

このようなインフレによる資金需給の変化が金利に与える影響は，「名目金利」と「実質金利」という概念を使って説明されることがよくあります。この概念は米国の経済学者のフィッシャーによって理論化されたことから，次のような名目金利と実質金利の関係をフィッシャー方程式といいます。

名目金利＝実質金利＋期待物価上昇率

または，

実質金利＝名目金利－期待物価上昇率

この理論では，投資行動は実質金利によって行われるとされています。すなわち人々の物価上昇率に対する予想は，現実の物価の動きに基づいて変化すると考えられます。

たとえば，現実に物価が上昇し，予想（期待）物価上昇率が高まっているにもかかわらず，名目金利が一定であるとすれば実質金利は低下します。実質金利の低下は，設備投資，住宅投資などの民間需要を刺激し，資金需給を逼迫させるため名目金利は上昇します。

つまり，「現実の物価の上昇傾向→予想される期待物価上昇

率の上昇→実質金利の低下→資金需給の逼迫→名目金利の上昇」という経路が考えられるということです。

逆に、実質金利が上昇すると、民間需要が抑制されて資金需給が緩和するため名目金利は低下します。

次に、物価が金利に与える政策面での影響ですが、物価の安定は中央銀行の目的とされており、金融政策を決定するにあたってはその動向が意識されます。日銀法第2条においても、日銀が金融政策を行ううえで「物価の安定を図ることを通じて国民経済の健全な発展に資することを理念とする」ということが謳われています。

物価の乱高下は、「所得・資産の公平な再分配」をゆがめるとともに経済の安定成長を阻害する要因となります。したがって、物価の上昇局面では金融引締政策がとられ、物価下落局面では金融緩和政策がとられることになります。その際は、政策金利の引き上げ(引き下げ)→短期金利の上昇(低下)→長期金利の上昇(低下)という経路をたどることになります。

(3) 成長率と長期金利

一国の生産規模を全体として図る指標としてGDP(国内総生産)があるという話をしましたが、その国の経済の成長率はこのGDPの変化率で捉えられます。成長率にも金利と同様に、名目成長率と物価変動の影響を除いた実質成長率が使われます。通常GDPや成長率といった場合、実質ベースでの数字を指すことが多いようです。

また物価上昇率と同様に、人々の将来の予想に基づいた期待成長率という概念が使われることがあります。期待成長率を確認または推計するのは非常に難しいのですが、参考としては内閣府が行っている「企業行動に関するアンケート調査」の中の「企業が予想する実質経済成長率」が利用できます。図5-6はこのアンケート結果の推移です。1990年代に入り基本的に低下

図5-6　実質経済成長率見通し

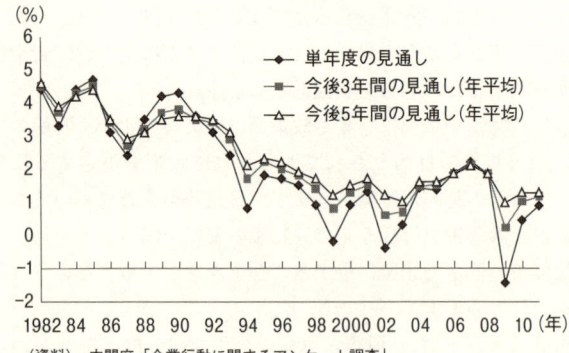

(凡例)
- ◆ 単年度の見通し
- ■ 今後3年間の見通し(年平均)
- △ 今後5年間の見通し(年平均)

(資料)　内閣府「企業行動に関するアンケート調査」

基調を続けていましたが，2000年代になってからは，変動はあるものの基本的には横ばい圏で推移しているといえます。

では，成長率と金利にはどのような関係があるのでしょうか。再びフィッシャーの方程式に登場してもらいましょう。

名目長期金利＝実質長期金利＋期待物価上昇率　　(A)

この中で実質長期金利に関しては，実物経済と金融経済の裁定が働き均衡が保たれた場合，次のような関係が成り立つと考えられます。

実質長期金利＝実質資本収益率　　(B)

具体的に考えてみると，企業が設備投資をする場合，実質資本収益率が実質長期金利よりも高ければ企業は資金調達をして設備投資を活発化させるため，資金需給が逼迫し金利は上昇します。逆に，実質資本収益率が実質長期金利よりも低ければ，企業は借入金を減らして設備投資を抑制させるため，資金需給が緩和し金利は低下します。

結局，理論的には実質金利と実質資本収益率が等しくなるまで，こうした裁定が働くと考えられます。したって，先の(A)式に(B)式を代入することにより，次式が得られます。

V 債券相場を動かす要因

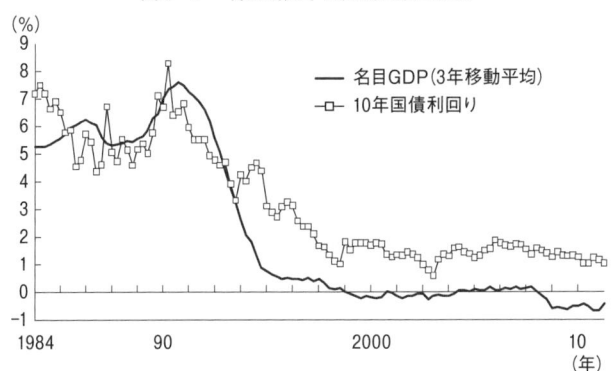

図5-7　名目成長率と長期金利の推移

(資料)　内閣府, 日本相互証券

名目長期金利＝実質資本収益率(実質経済成長率)
　　　　　＋期待物価上昇率　　　(C)

ここで, (C)式の右辺の期待物価上昇率は将来の物価上昇予測ですが, この部分を実績の物価上昇率(デフレーター)に置き換えてみると名目 GDP に等しくなります。

図5-7は長期国債利回りと名目 GDP の伸び率(3年移動平均)の推移を比較したものです。経済成長率が長期金利の水準と方向を決定する重要な要素となっていることがうかがわれます。

もう少し話を進めましょう。企業が設備投資を行う場合に想定している収益率は, 将来の予測される収益率, すなわち期待収益率で, これと比較される金利も期待実質金利ということになります。したがって, (C)の実質資本収益率の部分を期待値に置き換えると, 次式のようになります。

長期金利＝期待実質成長率＋期待物価上昇率　　　(D)

(4) 長期金利とリスクプレミアム

長期金利に関しては長期国債利回りを念頭に置いていると,はじめに述べましたが,債券という商品は価格変動リスク,流動性リスク,財政リスクなどさまざまなリスク要因を内包しています。したがって,このリスクに対する代償は,リスクプレミアムとして長期金利に上乗せされていると考えられます。以上を踏まえると,長期金利は次のように要因分解できます。

　　長期金利＝期待実質成長率＋期待物価上昇率
　　　　　　＋リスクプレミアム

図表5-8は,この式に従って実際に10年国債利回りの要因分解を試みたものです。ここでは,期待実質成長率として前述の「企業行動に関するアンケート調査」の結果を使い,期待物価上昇率として消費者物価の過去4期間後方移動平均を使用し

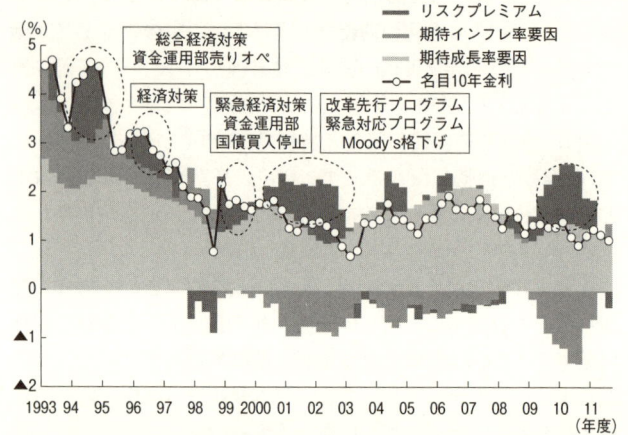

図5-8　長期金利の要因分解

(注)　期待成長率：内閣府「企業行動に関するアンケート調査」をもとに試算。
　　　期待インフレ率：消費者物価指数（全国・食料及びエネルギーを除く・消費税影響除去）の4期後方移動平均。
　　　リスクプレミアム：名目長期金利－上記2要因。
(資料)　内閣府,総務省,日本相互証券よりみずほ総合研究所作成

ています。さらに，実績値からこれらを引いた値をリスクプレミアムとして表示しています。

リスクプレミアムの拡大局面を見ると，大型の経済対策が決定したり，旧大蔵省資金運用部の国債買い入れ状況に変化が生じて国債市場の需給懸念につながっていたりするなど，基本的に財政リスクが意識された場合であるといえます。

(5) 金融政策の変更とその影響

景気や物価の動きが金利に影響を与える際の経路として，金融政策の変更を通じた経路があると述べましたが，短期金利を介して長期金利に影響を与えるという意味で非常に重要です。また，近年は国債の買い入れやインフレ期待の醸成などを通じて，金融政策が直接長期金利に影響を与える可能性も指摘されています。

金融政策を遂行する際には，物価安定の目的を達成するために金利や量(当座預金残高や資産買い入れ額)などの数値目標を決めて，それを金融政策の運営目標(目的ではありません。あくまでも「目標」です)とします。それは，金融政策の曖昧さをできるだけ排除し，世間に分かりやすい形で示すことによって，効果の浸透を図るためです。

日本銀行は，かつては公定歩合の水準を政策目標としていましたが，1995年半ばからは無担保コール翌日物金利に変更しています。2003年3月から06年3月までは，日銀当座預金残高を政策目標としていました(いわゆる「量的緩和」)。

政策金利と長期金利の推移を比較すると，長期金利は将来の政策金利の動向を予想して動くため，先行する傾向があります。したがって，長期金利の動向を占うには，将来の政策金利動向を予想することが重要となります。

では，日銀の金融政策とはどのように決められ，今後の方向性を見極めるにはどのようにすればいいのでしょうか。

①金融政策の目的と手段

日本銀行法では、日本銀行の目的が「物価の安定」と「金融システムの安定」であることが謳われており、日銀は金融政策の運営を通してこうした目的の達成を目指しています。

金融政策の基本的な方針は、定期的に開かれる政策委員会(特に金融政策の基本方針を決定する会合は、金融政策決定会合と呼ばれています)で決定されます。金融政策の具体的な手段としては、「金融調節」「中央銀行貸出操作」「預金準備率操作」の3つが挙げられますが、現在中心的な役割を担っているのは金融調節です。

金融調節は、国債や手形の売買などであるオペレーションを通して行われます。たとえば、日銀が金融機関から手形を買い入れるオペレーションを行った場合、日銀当座預金(金融機関が日本銀行に保有している当座預金)の残高が増え、市場に資金が供給されることになります。したがって、資金需給が緩和されることによって金利が低下します。逆に手形を売却するオペレーションを行った場合、日銀当座預金残高が減り、資金需給逼迫から金利が上昇します。

日銀はこうしたオペレーションを日々行うことによって、無担保コール翌日物金利や当座預金残高を操作し、最終目標である物価の安定などを図っています。

②日銀ウォッチング

米国では、金融政策当局の動向を分析することが以前から重要視されており、「Fed Watching(フェド・ウォッチング)」ということばが一般化しています。日本でも1998年4月に新日銀法が施行されて以降、アカウンタビリティ(説明責任)重視の考え方から日銀のディスクロージャーが充実し、「日銀ウォッチング」ということばも浸透し始めています。

日銀ウォッチングとは、日銀の行動を客観的に観察してその政策意図を探り、それに基づいて今後の金融政策を予測するこ

V 債券相場を動かす要因

とです。したがって、日銀の発する情報分析が重要となります。具体的には、日銀のホームページや各種報道から入手可能な「日銀金融経済月報」「経済・物価の将来展望とリスク評価」「政策決定会合議事要旨」などのレポートや、総裁および審議委員の公演、記者会見、インタビュー、日銀短観、各種論文などの内容を分析していくことになります。

日銀の目的として物価の安定が重視されていることから、物価に影響を与える経済情勢の認識は重要です。そのためには、各種経済指標をチェックすることも必要ですが、より重要なのは経済情勢について日銀がどのような認識を持っているかです。「金融経済月報」はこれに関する情報を与えてくれます。

「金融経済月報」でも特に重要なのは、政策決定会合での承認を経て公開される基本的見解の部分です。その毎月の変化を捉えていくことが、政策変更の時期と可能性をうかがうヒントになります。議事要旨は当該会合の次回の会合で承認された

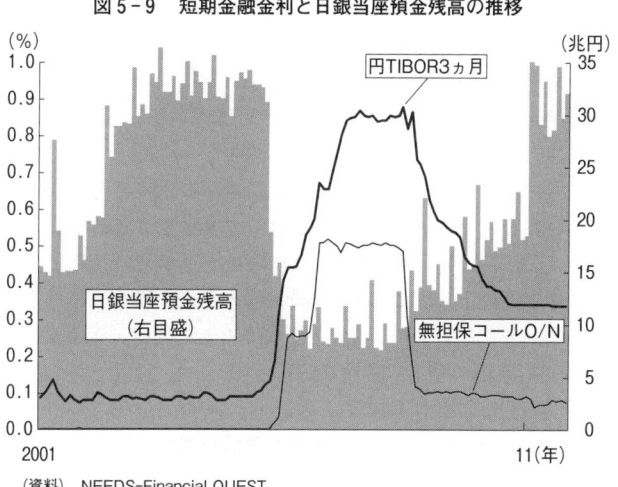

図5-9 短期金融金利と日銀当座預金残高の推移

(資料) NEEDS-Financial QUEST

後、3営業日後に公表されます。政策決定会合で実際にどのような内容が論点になっているかを知ることができるという点で重要です。

総裁会見は直近会合の議事内容をよりタイムリーに推察するうえで有益ですが、総裁自身の個人的見解が含まれる可能性があり、注意を要します。また、政策決定会合が合議制で行われることを考えれば、公演や記者会見などから各審議委員の意見を把握しておくことも必要でしょう。こうした情報を複合的に分析することによって、先行きの金融政策の方向性をある程度予想することが可能となります。

(6) 利回りの期間構造理論

金融政策は短期金利を通じて長期金利に影響を及ぼすとご説明しましたが、その意味がよく分からないという方もいるでしょう。そこで、その理論的背景について説明することにします。残存期間別の利回りの関係を一般に利回りの期間構造と呼びます。この期間構造を説明する理論はいくつかありますが、ここでは代表的なものとして期待仮説、流動性プレミアム仮説、市場分断仮説の3つを紹介します。

①期待仮説

利回りの構造理論の中で最も基本的かつ代表的な仮説であり、「長期金利は現在および将来予想される短期金利の平均に等しい」というものです。たとえば、1年債と2年債で考えた場合、「現時点の2年債利回りは現時点で1年債に投資し、さらに1年後に1年債に再運用した場合の平均利回りと等しくなる」ということです。ここで、1年後の1年債利回りは市場が期待する将来の利回り(期待金利)と考えます。数式で表すと次式のようになります。

$$(1+2年債利回り)^2 = (1+1年債利回り) \times (1+1年後の1年債の期待利回り)$$

V 債券相場を動かす要因

この関係に基づいて具体的に数字を当てはめてみます。たとえば、1年債、2年債利回りが1%、1.5%である場合、1年後の1年債利回りは2%になります。これを前式で表すと以下のとおりです。

$$(1+0.15)^2 = (1+0.01) \times (1+0.02)$$

このとき、市場における1年後の1年債利回りが、仮に3%であったとすると、

$$(1+r)^2 = (1+0.01) \times (1+0.03)$$
$$r = 0.02$$

となり、1年債で再運用した場合の利回りが2%と2年債の利回り1.5%を上回ることになります。このような場合、1年債は買われて利回りは低下し、2年債は売られて利回りは上昇するでしょう。逆に、1年後の1年債利回りが、仮に2%よりも低かった場合、全く逆の現象が生じるでしょう。

このように、すべての投資家が将来の予想に従って行動すれば、前述のような関係で市場は均衡するというのが期待仮説の考え方です。実際にイールドカーブを見てみると、1991年頃の

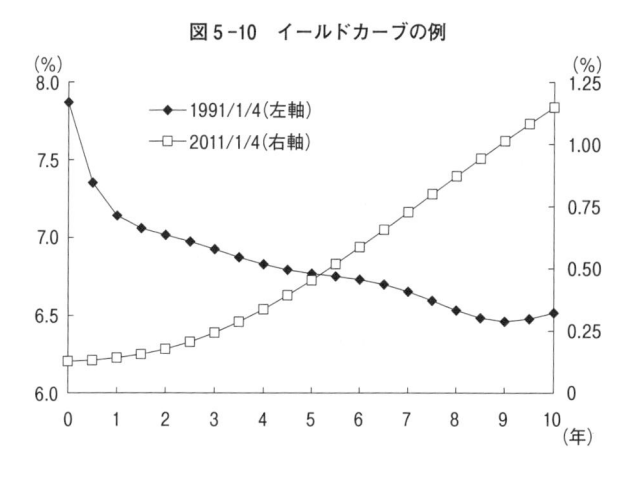

図5-10 イールドカーブの例

高金利の時代には右下がり(逆イールド)になり,逆に現在のような低金利の時代には右上がり(順イールド)となる傾向が見て取れることから,将来の金利変動の予想がある程度期間構造に反映されているといえるでしょう。

②流動性プレミアム仮説

期待仮説に基づいて考えると,金利上昇が予想されるときはイールドカーブが右上がりとなり,金利低下が予想されるときは右下がりになります。景気循環に伴って金利が循環的に変動するとすれば,これらは交互に出現するはずですが,実際には右上がりの場合が圧倒的に多いことが知られています。そこで,将来の短期金利の予想以上に長期金利を高める要因があるはずであるという仮説が成り立ちます。

この要因を債券の価格変動リスクに求めたのが,流動性プレミアム仮説です。長期債は将来の金利変動による価格変動リスクが高い分,投資家からより高い利回り(プレミアム)を必要とされると考えられます。同説は,こうした期間の長い債券に求められるプレミアムを流動性プレミアムと呼び,期待仮説を補完しようとしたものです。

③市場分断仮説

この説は,個別の投資家や資金調達者の行動に着目して,利回りの期間構造を説明しようとしたものです。この説では,投資家は負債の状況や個別の事情に応じて資産を保有する期間(投資期間)を計画し,基本的にはそれに見合った運用をするはずだと考えます。

実際,投資期間に一致しない資産を保有することは,余分なリスク負担を意味します。投資期間より長期の資産を保有する場合には,投資期間の終期に当該資産を売却しなければなりませんが,その際の市場価格をあらかじめ正確に知ることはできません。

逆に投資期間よりも短期の資産を保有する場合には,満期到

来時に再投資が必要になりますが、そのときの利回りもあらかじめ知ることはできません。

したがって、もし投資家が保有資産の収益率のリスクをできるだけ小さくしたいと望むならば、その満期ができるだけ投資期間に近いものを選択することになるでしょう。

たとえば、生命保険会社や年金基金などの長期の負債を有する機関投資家は、その保有資産から長期にわたって安定した収益を得ることを目指しますから、長めの投資期間を持っている

COFFEE BREAK
――イールドカーブ――

債券取引において、国債や社債など同一種類の債券について年限ごとの複利利回りを線でつなぎ、投資判断や市場分析に使うことがあります。この曲線をイールドカーブ（利回り曲線）といいます。イールドカーブは通常右上がり、つまり残存期間が長いほど利回りは高くなる傾向があります。このような右上がりのイールドカーブを順イールドと呼びます。逆に長い年限が短い年限の利回りを下回って、右下がりになるようなイールドカーブを逆イールドと呼びます。

各年限の利回りはさまざまな要因によって同様に動く場合もあれば、違った動きをする場合もあります。イールドカーブが上昇もしくは低下方向に平行移動する場合、この変化をパラレルシフトといいます。また、長短金利差が縮小してイールドカーブが平坦な形に近づくことをフラットニング、逆に長短金利差が拡大してイールドカーブの傾きがきつくなることをスティープニングといいます。

実際の相場では、完全なパラレルシフトが起こることは稀で、傾きを変えながら上下に変化します。イールドカーブがフラットニングしながら上昇する場合をベア・フラットニング、低下する場合をブル・フラットニングと呼び、同様にスティープニングしながら上昇する場合をベア・スティープニング、低下する場合をブル・スティープニングと呼びます。ちなみに、金融市場では相場に対して強気なことをブル(bull)、弱気なことをベア(bear)と表現するため、上昇相場はブル相場、下落相場はベア相場と呼ばれます。債券相場の場合は、価格が上昇すれば利回りは低下するので、利回り低下の場合にはブルという言葉が使われるのです。

と見ることができます。また,銀行や事業会社の投資期間は比較的短めであると考えられます。

このことは,資金調達者にも当てはまり,短期の資金需要については短期債の発行で,長期の資金需要については長期債の発行で調達することで資金調達費用の不確実性を排除することができます。

仮に,投資家や資金調達者がこのような資金の運用や調達に関するリスクを完全に回避しようとすると,期間毎の資産の代替性はなくなってしまいます。したがって,債券の利回りは各期間の需給関係のみによって決まることとなります。このような考え方を,市場分断仮説と呼びます。

これらの仮説はいずれもある程度は妥当性があるといえます。したがって,どの説が正しいという種類のものではなく,実態としては期待仮説を中心として流動性プレミアム仮説と市場分断仮説によって修正されていると考えるのが妥当でしょう。

ここで,イールドカーブを考えるにあたって有用であるフォワードレートについて触れておきましょう。期待仮説のところで述べた将来時点で予想される期待金利を,フォワードレートと呼びます。また,イールドカーブから計算された結果の数字であることから,インプライド(内包された)フォワードレートとも呼ばれます。

図5-11は,各時点で予想される6ヵ月もののフォワードレートをつないだフォワードカーブです。フォワードレートの定義から,フォワードカーブは市場が織り込む期待短期金利の推移ということになります。したがって,金利が上昇し始める時点が政策金利の変更時期,カーブの傾きが金利変化の速度,すなわち金融引締速度と捉えることができます。

また,フォワードカーブは7年後あたりからカーブがフラット化する傾向が見られます。これを市場が織り込む期待均衡金

V 債券相場を動かす要因

図5-11 フォワードカーブ

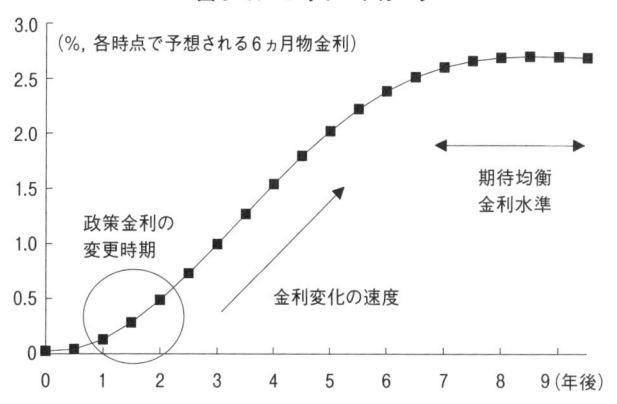

(%, 各時点で予想される6ヵ月物金利)

- 政策金利の変更時期
- 金利変化の速度
- 期待均衡金利水準

図5-12 フォワードレートの推移

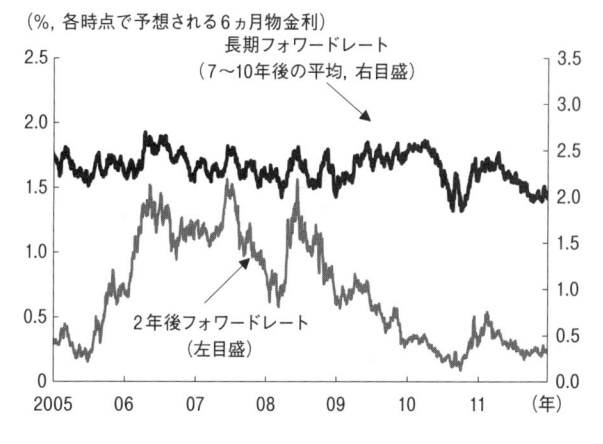

(%, 各時点で予想される6ヵ月物金利)

- 長期フォワードレート(7～10年後の平均, 右目盛)
- 2年後フォワードレート(左目盛)

利水準ととらえることもできるでしょう。ここでは、この均衡金利水準を長期フォワードレート(この場合は7年後から10年後の平均値)と呼ぶことにします。

経験的に2年後スタートのフォワードレートは、金融政策に関する市場の思惑をよく反映します。図5-12は長期フォワードレートと2年後スタートのフォワードレートを並べたものです。両者を比較すると、長期フォワードレートが金融政策変更の思惑で動いているのか、あるいはそれ以外の要因で動いているのかを見極めることが可能となります。

このようにイールドカーブをフォワードレートに分解することで、期間による金利変化の違いをより詳しく見ることができます。分析手法の一つとして覚えておくと便利でしょう。

(7) 海外要因

次に、ほかの市場動向が債券相場に与える影響を見ていきましょう。

海外金利、特に米国金利の動向がわが国の債券相場に与える影響は大きいといえます。過去の日米それぞれにおける長期金利の推移を見ると、欧米間ほどではないにしても密接な関係があることが分かります。特に2000年代後半は日米長期金利間の連動性が高まっているように見られます。もちろん、景気実態の違いや為替の動向によって短期的には正反対の動きをすることもありますが、大きな流れとしては同方向に動いているといえるでしょう。

このような動きの背景にはいくつかの要因が考えられます。まず、金融の国際化の進展により国際的な資本移動が起こるようになり、内外金利差の裁定が活発化したことが挙げられるでしょう。

たとえば、米国の債券相場が下落し米金利上昇による内外金利差が拡大した場合、日本の国内債に投資されていた資金がより利回りの高い米国債へシフトすることが考えられます。このため、需給関係の悪化から国内債の相場は下落し、利回りは上昇します。

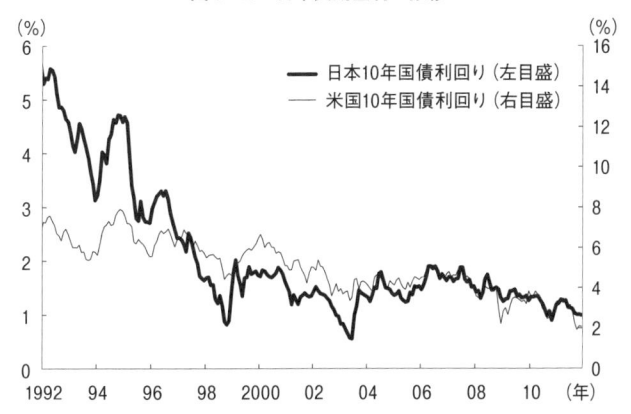

図 5-13　日米長期金利の推移

 このように国際的にシフトをする資金の例としては，1970年代中盤に特に注目を浴びた国際的資金のオイルマネーやわが国の生命保険会社などの機関投資家，ヘッジファンドなどの投資資金が挙げられるでしょう。

 以上のような直接的な影響に加え，市場関係者の相場観に与える心理的な影響も日米金利の相関を高める重要なポイントといえるでしょう。近年，大企業のグローバル化や国際分業の進展などを背景に世界的な景気の流れが同一化しやすいという傾向が見られます。その先頭・中心となっているのが米国であることから，米国の経済動向やそれを反映する米国金利，米国株などの動きに国内債券相場が反応しているという面は否定できないでしょう。

(8) 為替市場の影響

 前項で触れたように，先進国間では資本の移動は自由化されています。つまりマネーは国境を越えて世界中を飛び回ることができるのです。そのため為替と金利は密接な関係にありま

図5-14 長期金利と為替の推移

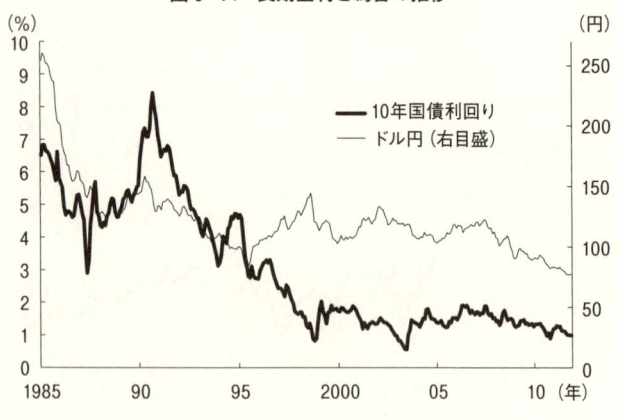

す。

　図5-14は長期金利とドル円相場の推移です。過去においては，円高時には金利低下，円安時には金利上昇という傾向が見られましたが，1990年代後半以降はそうした傾向が弱まっていることがうかがわれます。では過去に見られた傾向と近年の動きに分けてその背景について考えたいと思います。

　為替相場が債券相場に影響を及ぼす経路は，基本的に次の2種類に分けられます。

　一つは，為替レートの水準および今後の予想が，内外の資金移動に影響を及ぼすという経路です。たとえば，1ドル＝100円のときにドル債を買い付けた国内の投資家が，1ドル＝110円のときにこのドル債を売却すると，為替差益だけで10％の利益を得ることになります。

　したがって生命保険会社など日本の機関投資家は，先行き円安ドル高になると予想すればドル債への投資を活発化させ，逆に先行き円高ドル安の見通しであればドル債への投資を手控えるように行動するものと考えられます。

V 債券相場を動かす要因

 逆に,海外投資家は円高ドル安を予想すれば,日本の債券や株式などの円資産投資を活発化させ,円安ドル高を予想すれば円資産投資を手控えることが予想されます。

 2つ目は,為替相場の動向が実体経済を通じて債券相場に影響を与える経路です。為替が円安に動いている場合には,輸入物価の上昇から国内物価も上昇するおそれが生じます。また円安が進行すると,輸出増加・輸入減少を通じて国内需給が逼迫することから,景気の回復をもたらします。景気回復,インフレ懸念を背景に金融引締策がとられることが予想されます。このような場合には,金利先高観が生じてくるため,債券相場は軟調な推移となり,金利は上昇傾向をたどるでしょう。

 一方,為替市場で円高が進行している場合は,輸入物価の低下を通じた国内物価安定,輸出減少・輸入増加,国内需給緩和による景気減速を背景に金融緩和政策がとられやすく金利先安観が生じてくるため,逆に債券相場は強含み,金利は低下傾向が強まります。

 ところで,図5-14では1990年代後半にこうした為替と金利の関係が崩れていますが,これにはどのような背景があるのでしょうか。

 まず,1996年から98年にかけての円安,金利低下局面の期間は,日本が循環的な景気後退局面にあったことに加え,消費税率の上昇などさらに景気を下押す要因が重なり,円安による景気の下支え効果も限定的であったことが要因と見られます。こうした状況下,日米の景況感格差から円安がさらに進み,国内の景気低迷から金利には低下バイアスがかかっていたものと思われます。また,ヘッジファンドによるグローバルキャリートレード(低金利の円で調達した資金を海外資産で運用すること)などの特殊要因も円安に拍車をかけていたようです。

 その後も,総じて為替は債券相場に大きな影響は与えていないように見えますが,2008年以降の円高進行は国内景気に一定

図 5-15 日米金利差と為替の推移

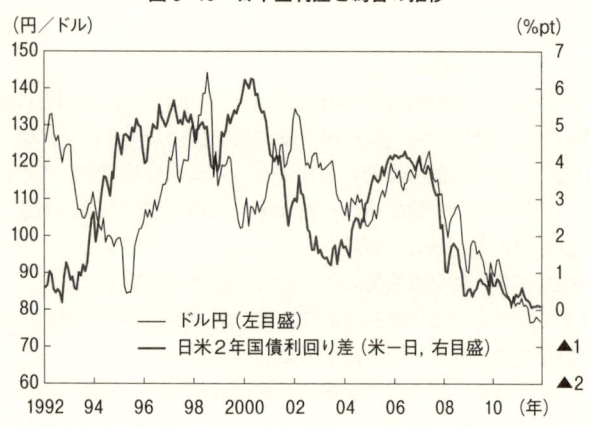

(円/ドル) (%pt)

― ドル円（左目盛）
― 日米2年国債利回り差（米－日，右目盛）

の下押し圧力を加え，同時期の金利低下の一因となっている可能性は指摘できるでしょう。

ところで，2000年代後半以降は，為替から金利への影響は限定的であった一方，金利が為替に与える影響は強まったと考えられます。正確には，金利水準でなく，日米の金利差とドル円相場の相関関係の高まりが見られ，金利差が為替の方向性を左右する大きな要因となっているとも言えます。

こうした背景には，金融市場におけるグローバルマネーの拡大やキャリートレードの影響などが考えられます。ただし，12年1月現在，日米ともに政策金利をゼロ近傍まで引き下げており，2年国債利回りはほとんど差がなくなっています。今後は，より長期間の金利差が注目されるかもしれませんし，金利差要因が為替相場に与える影響が弱まっていくかもしれません。

このように，相場は常に一定の教科書どおりの動きをするとは限りません。したがって，市場の注目が今どこにあるのかを

見極めることが重要だといえるでしょう。

(9) 株式市場の影響

　株価と金利の関係はその局面においてさまざまなケースが考えられますが,非常に密接な関係があることは確かでしょう。株価と金利の関係を見る際には,金利から株価への影響と株価から金利への影響に分けて考える必要があります。

　金利から株価への影響を考えるうえで,まず金利と株価の理論的関係について見ておきましょう。株価の水準を説明する際の最も基本的な考え方として「配当割引モデル」があります。

　これは,金融資産の価格は「将来のキャッシュフローの現在価値を合計したもの」という考え方を基本としています(この考え方は債券の場合にも当てはまります)。株式投資の場合,株主が得るキャッシュフローは毎期の配当なので,「株価は将来受け取る配当金の現在価値の合計」ということになります。これを式で表すと最終的に次式のようになります。

　　株価＝1株当たりの配当金
　　　　÷(割引率－1株当たり配当金の成長率)

　割引率とは当該企業の株式への投資リスクに見合う期待投資収益率のことで,無リスク資産利子率とリスクプレミアムに分解できます。通常,無リスク資産利子率は国債の利回り,すなわち長期金利で代用されます。したがってほかの条件を一定とした場合,金利と株価は反比例の関係にあることになります。

　つまり,金利が低下すれば株価は上昇し,金利が上昇すれば株価は低下することになります。なお最近では,配当割引モデルを発展させ,株価は企業価値によって決まり,企業価値は企業の将来生み出すキャッシュフローの合計であるとの考え方に基づく「キャッシュフロー割引モデル」などが使用される場合が増えています。

　金利から株価への影響は,景気循環との関係からも捉えるこ

とができます。株価は企業業績の動向によって動くことから、金利と同様、景気循環との関係が強いといえます。各景気循環のボトム時期の前後関係を見ると、おおむね株価→景気→金利の順になっており、株価が景気や金利に先行して動く傾向が見られます。

表5-3は景気循環と株価、金利の関係を示したものですが、株価の各循環局面は景気・金利との関係から金融相場、業績相場、逆金融相場、逆業績相場に大別されるといわれています。

金融相場とは、景気・企業業績の悪化が続く一方で、金融緩和による金利低下を好感して株価が上昇に転じる局面のことです。その後、景気が回復局面に入り、業績相場へ移ります。これは、金利が底打つものの、景気拡大・企業業績の改善を背景に株価が堅調に推移する局面です。

さらに景気が過熱気味となり、金融引締から金利が上昇し、株価が軟調に転じる局面を逆金融相場と呼びます。最後に、金利はピークをつけるものの、景気・企業業績の悪化を反映して株価が下落を続ける局面が逆業績相場です。

このように、金利から株価への影響が大きく見られるのは金融相場と逆金融相場ですが、いくつかの要因が考えられます。

表5-3 株式市場の局面推移

	金利	業績	株価
金融相場	↓	↘	↑
中間反落	→	→	→
業績相場	↗	↑	↗
逆金融相場	↑	↗	↓
中間反落	→	→	→
逆業績相場	↘	↓	↘

(資料)『株式相場サイクルの見分け方』浦上邦雄、日本経済新聞出版社

前に説明した配当割引モデルにおける金利変化の影響もその一つです。そのほかに、金融政策の影響による資金需給の変化を根拠とする説明もよく見られます。

つまり、金融緩和局面では市場に資金が供給されることから株式市場への資金流入も促されて相場が上昇し、逆に金融引締局面では、市場から資金が吸収されることから株式市場への資金流入も細り、相場が下落するというものです。こうした状況は、一般に流動性相場という呼び方もされます。バブル前後の金融政策と株価の関係は典型的な例といえるでしょう。

また、債券と株価の関係は、債券と株式の投資価値比較、すなわち債券と株式どちらに投資したほうが得かという観点から説明されることもあります。債券と株式の相対的な投資価値を比較する指標としては、次に示すイールドスプレッドがあります。

イールドスプレッド＝債券利回り－株式益回り（株価収益率の逆数）

株価収益率（PER：Price Earnings Ratio）とは企業の株価をその企業の1株当り利益で割ったもので、株式の投資尺度として最も一般的なものです。

次に株価から金利への影響を考えます。株価は景気の先行指標として捉えられることから、株価下落は先行きの景気悪化を連想させ金利低下要因になりやすいといえます。また、株価下落は金融緩和の思惑を生むことからも、金利低下につながります。

一方、資金需給面からも、株価下落時は債券市場への資金シフトが見られます。これは一般に「質への逃避」と呼ばれます。株式は相対的にリスクの高い投資商品なので、金融危機などの際は、それまで株式に投資されていた資金が一斉に国債市場などの安全資産に逃げ込むのです。

1998年の秋にはロシア危機、ヘッジファンド危機を背景とし

た世界的なデフレ懸念と国内景気の低迷を背景に，質への逃避が大々的に起こり，日本でも10年国債利回りは一時1％を割り込むという状況が見られました。また，近年のリーマン・ショックや欧州債務危機においても同様の動きが見られました。ちなみに，株価上昇にはこれらと逆の展開が考えられます。

以上のように，金利から株価への影響と株価から金利への影響では全く反対の方向に働くことになり，その時々の強弱関係によって左右されます。したがって，市場がどちらの影響を強く見ているのかを見極めることが重要となってきます。

いずれにしても，債券相場を見るうえで株式市場の動きには常に注意を払わなければなりません。特に，株価は景気に対して先行性を有していることから，景気や金利の転換点を占う際には重要な指標となり得ることを覚えておいてください。

(10) 需給要因

これまで見てきたように，債券相場はファンダメンタルズや他市場動向に左右される部分が大きいとはいえますが，債券流通市場は自由競争市場であり，市場における需要(買い手)と供給(売り手)の動向を反映した価格形成が行われることから，「債券市場における需給」も金利に大きな影響を与える要因の一つといえます。

供給サイドでは主として債券の発行市場動向，需要サイドでは各投資家の動向が重要となります。まず，これらのお話をする前に，需給関係の大きな流れを捉えるために資金循環(マネーフロー)の動きを見ておきましょう。

①資金循環(マネーフロー)

一国の経済全体における資金の流れを部門別や形態別に集計した統計が資金循環統計です。日本においては四半期ごとに日本銀行が発表しています。これは，短期的な動きを捉えるには

不向きですが,中長期的な金利のトレンドや構造変化を見るうえでは欠かせない資料といえるでしょう。

図5-16は,部門別の資金過不足の推移を見たものです。通常の経済状態であれば,資金余剰主体である個人部門に対して資金不足部門である民間企業部門と政府部門という構図が見てとれるはずですが,1990年代に入って大きな変化が表れます。民間企業部門はバブル崩壊と景気低迷からバランスシート調整を余儀なくされ,設備投資の抑制を続けたことから,90年代半ば以降,資金余剰主体に転じています。

一方,バブル期に一時資金余剰主体になった政府部門は,1995年以降は再び大幅な資金不足主体となっています。民間需要の低迷に対し,政府部門が累次の景気対策(財政支出の拡大)を行うことによって景気を下支えしてきたためです。資金の流れからすれば,「国債大量発行による金利上昇圧力を貸し出しの低迷を背景とした余剰資金の国債市場への流入が支えること

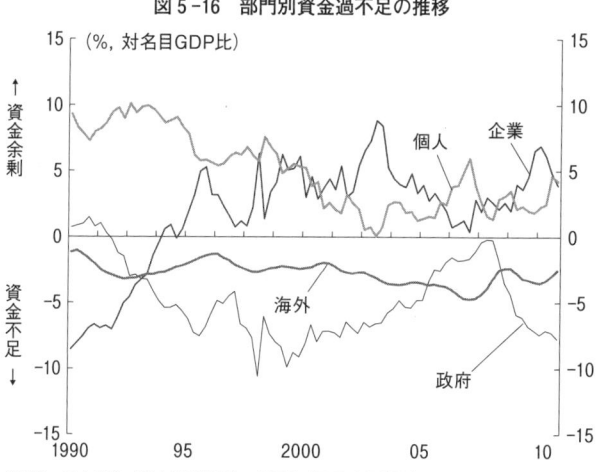

図5-16 部門別資金過不足の推移

(資料) 日本銀行「資金循環統計」,内閣府「国民所得統計」

で，金利の低位安定状態が続いている」ということにもなります。

ほかの条件を排除して，資金需給のみの観点から今後の金利の転換点を予想するとすれば，民間企業部門が資金不足主体に転じるときという見方もできるかもしれません。

このように国内のマネーフローを見ることで，金融市場の大きなトレンドをつかむことができます。さらに視野を広げてグローバルなマネーフローを概観すれば，より多くの示唆が得られることになるでしょう。

②発行市場(供給サイド)

次に，供給サイドについて見てみましょう。

一般に債券市場における供給の増加(新しく発行される債券の量が増えること)は，市場の需給を緩和させ，相場の売り要因となります。逆に供給の減少(新規に発行される債券よりも償還される債券の量が多くなること)は，需給逼迫から買い要因となります。このように国債，政保債，地方債，事業債などの発行の増減は，それぞれの相場に影響を与えます。

実際に1998年末には，国債の増発決定と旧大蔵省資金運用部の国債買い入れ停止という，国債市場にとって大きな需給悪化要因(供給増と需要減)が重なったために，これが嫌気されて金利が急騰し，最終的に政府はこの金利上昇を懸念して増発も買い入れ停止も撤回せざるを得ませんでした。

表5-4は2011〜12年度の国債の発行計画です。12年度の計画では，歳出は名目上90兆円と前年水準以下に抑制されたものの，東日本大震災の復興経費や年金財源を含めると，予算規模は実質96兆円と過去最大となっています。新規国債発行額は何とか前年比横ばいに抑制しましたが，復興費用を賄う復興債を上乗せすることなどから，借換債や財投債を合わせた発行総額は過去最高の174兆円になります。

ただし，債券市場の需給を考える際に重要となるのは，この

表 5-4　国債発行計画

(単位：億円)

区　分	10年度当初	11年度当初(a)	12年度当初(b)	(b)−(a)
新規財源債	443,030	442,980	442,440	▲ 540
復　興　債		−	26,823	26,823
財　投　債	155,000	140,000	150,000	10,000
借　換　債	1,026,109	1,112,963	1,123,050	10,087
うち復興債分	−	−	34,488	34,483
合　計	1,624,139	1,695,943	1,742,313	46,370
40年債	12,000	16,000	16,000	0
30年債	48,000	56,000	56,000	0
20年債	132,000	132,000	144,000	12,000
15年変動利付債	3,000	−	−	−
10年物価連動債	3,000	−	−	−
10年債	264,000	264,000	276,000	12,000
5年債	288,000	288,000	300,000	12,000
2年債	312,000	312,000	324,000	12,000
短期国債	309,000	309,000	309,000	0
流動性供給入札	72,000	72,000	72,000	0
第Ⅱ非価格競争入札	39,825	40,050	41,850	1,800
前倒債発行減額による調整分	314	63,893	6,463	▲ 57,430
市中発行分計	1,483,139	1,552,943	1,545,313	▲ 7,630
(除く短期国債)	1,174,139	1,243,943	1,236,313	▲ 7,630
公的部門（日銀乗換）	113,000	118,000	167,000	49,000
個人向け販売分	28,000	25,000	30,000	5,000
合　計	1,624,139	1,695,943	1,742,313	46,370

(資料)　財務省

中の民間消化部分154兆円です。さらに償還額も考慮して純増額を見ておくことも重要です。最終的に市場への供給圧力とな

るのは、この純増額だからです。

なお、国債の発行計画は毎年12月の翌年度予算と同時に作成されるため、毎年秋頃から話題になることが多くなります。したがって、秋には財政問題が市場のテーマとなりやすく、金利もまた上昇しやすいといった傾向があることを覚えておくとよいでしょう。

③投資家動向(需要サイド)

最後に需要サイドについてですが、各投資家の売買動向は短期的な債券相場の変動要因となります。図5-17は投資家別の国債保有比率です。内訳を見ると、銀行等、保険、年金・投信といった国内金融機関で6割以上のシェアを握っていることが見て取れます。さらに残りの部分も国内の公的部門の比率が高く、海外投資家や個人の比率が低いという特徴があります。

したがって、基本的には国内金融機関と公的部門の動向を見

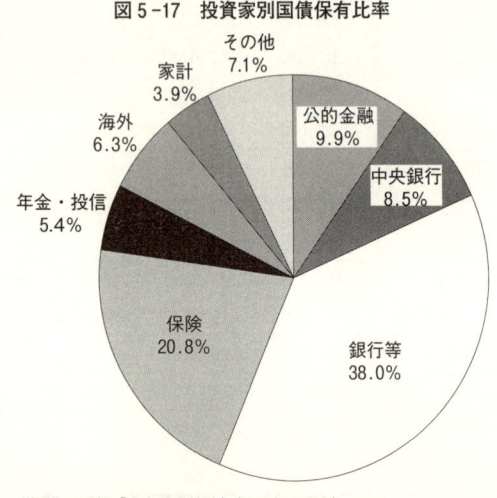

図5-17　投資家別国債保有比率

- その他　7.1%
- 家計　3.9%
- 海外　6.3%
- 年金・投信　5.4%
- 保険　20.8%
- 銀行等　38.0%
- 中央銀行　8.5%
- 公的金融　9.9%

(資料)　日銀「資金循環統計」(2011年9月末)

V 債券相場を動かす要因

ていくということになりますが、海外投資家は相対的にリスクテイク能力が高く、一度に動かす金額も大きいことから、相場の波乱要因となり得ることには注意が必要でしょう。

では、具体的に投資家別の売買動向の変化を見てみましょう。表5-5は投資家別の売買動向の推移です。近年は貸し出しの低迷による運用難やリスク資産圧縮の流れから総じて各主体とも国債残高を増やす傾向にあり、買い越しとなるケースが多くなっています。ただし、都市銀行や海外投資家は年度ベースで売り越しとなっている年も散見され、ほかの主体と比較す

表5-5 主要投資家の公社債売買状況(短期証券を除く)

(単位:億円)

年度	都市銀行	地方銀行	信託銀行	農林系	生損保	投資信託	外国人
01	▲18,634	51,053	28,929	86,096	63,650	22,240	▲15,341
02	53,806	49,045	23,214	62,662	41,680	6,107	45,206
03	29,855	44,282	128,846	110,057	37,109	15,533	8,211
04	▲56,892	51,952	110,543	34,606	60,173	14,093	77,587
05	▲41,098	58,264	150,136	51,526	54,782	21,645	75,941
06	▲79,843	27,490	213,531	7,330	36,246	17,796	131,273
07	▲55,110	22,146	186,762	▲7,011	26,884	14,884	88,252
08	19,424	59,541	146,008	52,465	52,618	12,745	3,095
09	127,836	70,470	167,870	38,759	74,057	16,439	▲28,019
10	103,335	70,426	74,963	61,612	100,330	27,045	77,959
11	▲27,561	74,091	49,269	50,019	91,037	19,077	72,279
月							
10/04	▲22,896	2,260	1,638	▲958	11,484	3,482	13,784
10/05	17,248	4,175	156	1,095	5,021	▲99	96
10/06	28,546	3,319	▲3,740	2,825	8,814	1,334	1,871
10/07	8,497	12,750	7,483	5,032	6,360	1,131	9,685
10/08	4,658	5,276	4,300	5,638	5,148	▲304	5,578
10/09	▲3,730	6,711	18,804	5,533	12,924	1,554	14,804
10/10	9,927	10,437	▲8,210	3,733	5,636	2,024	5,778
10/11	▲28,905	16,389	9,505	11,873	7,501	3,616	▲959
10/12	21,848	1,298	7,352	8,308	10,920	4,362	▲1,771
11/01	26,216	7,571	7,723	7,625	10,015	3,873	6,916
11/02	28,064	4,385	11,539	5,415	5,697	3,235	9,245
11/03	13,862	▲4,145	18,413	5,493	10,810	2,837	12,932

(資料) 日本証券業協会

ると、相場環境に応じた積極的な運用をしているといえます。実際、都市銀行は残高も多く、相場の方向性を決めるうえでその動向が最も注目される主体であるといえるでしょう。

このように、投資主体ごとに投資スタンスには違いがあり、またそれぞれが状況によって変化します。したがって、各投資家が先行きの債券投資に対してどのようなスタンスを持っているかを把握することが重要でしょう。

補論　国債と財政問題

(1) 財政政策について

　財政とは，政府部門が租税や公債などを通じて民間部門から調達した資金(歳入)をもとに，公共事業投資などの政府支出を行う一連の経済活動のことを指します。財政政策とは，この経済活動をどのように運営していくかを決めたものです。

　財政の機能としては一般的に①資産配分の調整，②所得の再配分，③経済の安定化の3つが挙げられます。この中で国債の発行と最も関係が深いのが経済の安定化機能です。まずこれについて説明しましょう。

　財政は2種類の機能により経済の安定化を図ります。一つは自動安定化機能(ビルト・イン・スタビライザー)と呼ばれるものです。これは，財政の中にあらかじめ制度的に組み込まれたもので，政策当局の裁量を待たずに自動的に経済を安定化させる作用を促す機能です。

　たとえば，景気のよいときには，累進課税構造を持つ所得税の税額や景気変動に敏感に反応する法人税額が増加するため，個人の可処分所得(実際に消費に使える所得)や企業利益の増加を抑えることを通じて需要を抑制することになります。つまり自動的に税額が増えることで過度に景気が過熱するのを抑制するわけです。逆に，不況期には，税額の減少から可処分所得や法人利益の減少を緩和する効果が見られます。

　このような財政の自動安定化機能では景気調整が十分に行われないと判断されたときに採用されるのが，2つ目の裁量的な財政政策(フィスカル・ポリシー)です。

　具体的には，景気後退期には，政府部門が支出の拡大や減税

により民間部門の需要を喚起して景気を刺激し(このときに足りなくなる資金は公債発行などによって賄います)、反対に景気が過熱しインフレ懸念が発生するような場合は、財政支出の抑制や増税により有効需要の拡大を抑制するというようなことを指します。

すなわち、政府の裁量でそのときの経済状況に応じて追加的な財政的手段を打ち出すことによって、経済の安定化を図っていこうとするものです。

バブル崩壊後の資産価格下落とバランスシート調整を背景とした需要減退によって、日本経済は長期的低迷を余儀なくされましたが、これに対して政府は累次の経済対策を打つことで対応してきました。まさにこのフィスカル・ポリシーによる財政運営が長期にわたって行われてきたということです。

しかし、そもそもこのような財政の拡大を中心とした景気刺激策について、その効果を含めて疑問視する声があるのも事実です。刺激策を講じても景気の拡大は長続きせず、逆に今後の国民の財政負担のほうが懸念されるような状況になってきています。特に2008年の世界的な金融危機を受けて各国が大規模な財政支出を行った結果、欧米諸国において財政問題が深刻化しており、世界的に財政再建が課題と認識されるようになっています。それでは、そもそも財政赤字が拡大した場合、どのような問題が生じるのでしょうか。

財政赤字の拡大は、「財政のサスティナビリティ(持続可能性)についての市場の信認」を失うことにつながる可能性があります。ここでいう財政のサスティナビリティとは、国債の将来的な償還可能性のことです。つまり今後、経済規模に見合った水準を超えて国債の残高が増え、最終的には発散してしまうのではないかという懸念が生まれるということです。

いったん、財政のサスティナビリティに関する懸念が顕在化すれば、将来のデフォルト(債務不履行)懸念、インフレ懸念、

通貨下落懸念などを背景に国債保有に対するリスク意識が高まり，本格的な円資産売りから金利上昇，通貨下落を招く可能性が生じます。

このほか，利払い負担の増加により政策的な経費として使える金額が減少し，財政支出の自由度が低下する「財政の硬直化」や「世代間の不公平」をもたらすことなども問題点として指摘されています。

また，国債の発行額増額は2つの意味で，金利の上昇につながりやすいといえます。一つは世の中の資金需給を逼迫させること，もう一つは先ほどの国債のサスティナビリティ問題と併せて投資家に国債の信用リスクの拡大を意識させ，国債の価格下落（＝金利の上昇）につながる可能性があることです。こうした金利上昇は，民間部門の調達金利をも上昇させ，結果として民間部門の投資も抑制してしまいます。これが「クラウディングアウト」と呼ばれる問題です。民間投資の抑制は，短期的に景気の足を引っ張るだけでなく，中長期的な経済成長の妨げとなるおそれがあります。

また，財政支出と併せて金融緩和を実施すれば，金利上昇を抑制する可能性はありますが，財政支出が生産性の向上につながらなければインフレーションを招くという問題が残ります。

(2) 深刻化する日本の財政

日本の国債残高の推移を見ると，高度成長期が終わりニクソンショックや第一次オイルショックなどの景気後退に対して積極財政で対応したことを背景に，1970年代後半以降増加傾向が鮮明となっています。75年度には66年度以降初めて建設国債では賄いきれない分を補う特例公債（赤字国債）が発行され，79年度には公債依存度（歳入総額に占める国債発行額の割合）が34.7％とピークに達しました。

特に1978年度から86年度までは，毎年10兆円以上の新規国債

図1　国債残高と公債依存度の推移

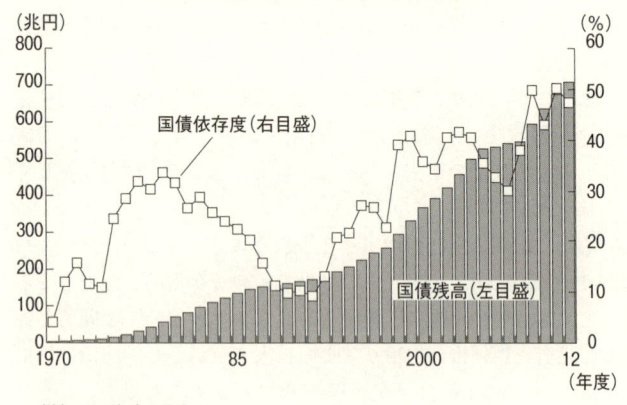

(注) 2012年度は見込み
(資料) 財務省

が発行されていました。当時は米国、西ドイツに加え、日本が世界経済の機関車の役割をするべきだという「機関車論」から、積極的な財政運営が容認されていたという事情もあったようです。

こうした事態に対し、その後財政改革を意識した政策がとられたこととバブル経済による税収の増加に支えられ、1991年度にはいったん赤字国債への依存体質からの脱却が実現しました。

しかし、バブル崩壊の影響による税収減と景気回復を図るために実施された累次の経済対策の影響から再び国債発行額は増加基調となり、2011年度の公債依存度は過去最高の52％まで上昇することが見込まれています。ちなみに、12年度予算ベースでも49％と高水準が見込まれています。12年度末の普通国債残高は709兆円が見込まれていますが、これは10年前の1.7倍、20年前と比較すると4倍以上の水準です。

また、IMFの見通しでは、日本の政府債務残高は2012年末

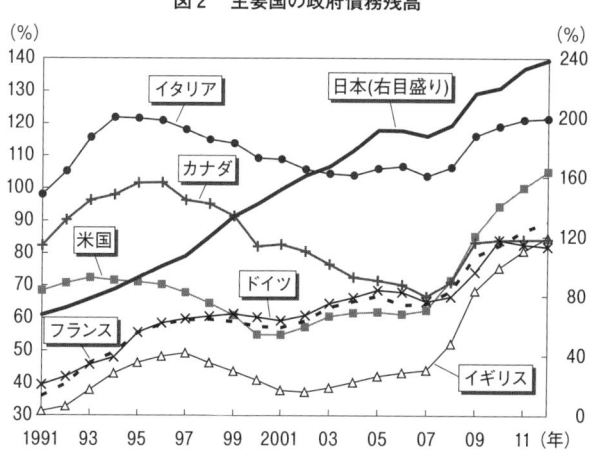

図2　主要国の政府債務残高

(注) 2011年は見通し
(資料) IMF "World Economic Outlook" (2011/9)

で名目 GDP 比240％弱にまで膨れ上がることが見込まれています。これは，先進国の中でも群を抜いて高い水準です。

このような急速な財政の悪化に加え，現状の日本のデフレ状況などを背景に，海外の格付会社は徐々に日本国債の格付を引き下げています。1998年にムーディーズがそれまでの Aaa から Aa1（AA+ に相当）に引き下げたのをきっかけに，S&P やフィッチなどほかの格付会社も追随しています。2011年末現在で3社とも AA− の水準となっています。また，11年12月にはこれまで AAA を保ってきた国内格付会社の R&I が日本国債の格付を AA+ に1段階引き下げました。

これまで日本の財政が悪化してきた背景としては，不況に対して公共投資の拡大や減税などのフィスカル・ポリシーで対応してきたことに加え，好況時の財政再建についても，経済の安定成長や労働人口の増加を前提としていたこともあって，歳出総額がほとんど減少せず大幅な増税も実施されないまま不十分

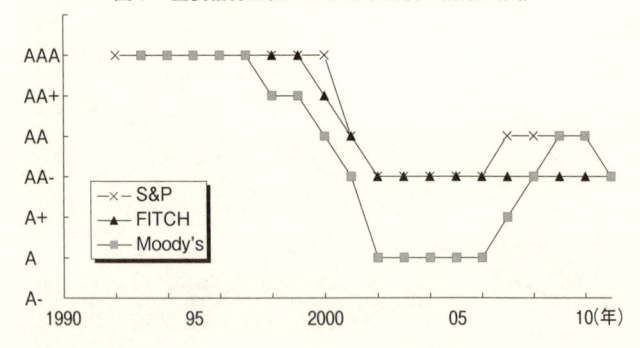

図3　主要格付会社による日本国債の格付け推移

に終わったケースが多かったということが挙げられます。つまり、財政再建が十分になされないまま再出動を繰り返してきたために、巨額の公的債務を生む結果になったということです。

現在、民主党政府は消費税の引き上げを含めた財政健全化に向けた施策に取り組もうとしています。しかし、与党内にも増税反対の意見は多く、今後も紆余曲折が予想されます。したがって、政府が目指すプライマリーバランス均衡化の道は遠いといわざるを得ないでしょう。

プライマリーバランスの均衡とは、利払い費を除いた歳出が公債発行以外の収入(主に税収)で賄われている状況をいいます。ただしこれは、理屈からいえば、あくまでも「名目成長率≧国債金利」を条件とする場合に政府債務の名目GDP比率がこれ以上拡大しないというだけで、サスティナビリティを確保する最低条件にすぎません。

この条件を達成するには、歳出削減だけでは難しく、やはり消費税も含めていかに税収を増加させるかが問題となります。景気の回復による名目GDPの押し上げや税制の見直しなどが重要となってくるでしょう。

(3) 長期金利と財政リスクプレミアム

 財政赤字問題が深刻化する中,債券市場においては常に長期金利の上昇につながるのではないかということが懸念されています。

 長期金利は期待成長率,期待インフレ率,リスクプレミアムで説明が可能であるということはすでに説明しました。しかし,過去の推移を見ると,リスクプレミアムが大きく膨れる局面では,経済対策などによって,財政リスクが強く意識されているという傾向がうかがわれます(図5-8参照)。

 一方こうした状況に対し,政府は国債管理政策の強化を進めており,現状は国内の需給要因も手伝って,長期金利は低位での推移を保っています。

 しかし,今後も国債残高が増加を続ける限り,過去に見られたような一時的な,もしくはより深刻で恒常的な財政リスクプレミアムの拡大の可能性は年々高まっていくといえるでしょう。

日経文庫案内 (1)

〈A〉 経済・金融

1	経済指標の読み方(上)	日本経済新聞社
2	経済指標の読み方(下)	日本経済新聞社
3	貿易の知識	小峰隆夫
5	外国為替の実務	三菱UFJリサーチ&コンサルティング
6	貿易為替用語辞典	東京リサーチインターナショナル
7	外国為替の知識	国際通貨研究所
8	金融用語辞典	深尾光洋
15	生命保険の知識	ニッセイ基礎研究所
18	リースの知識	宮内義彦
20	株価の見方	日本経済新聞社
21	株式用語辞典	日本経済新聞社
22	債券取引の知識	武内浩二
24	株式公開の知識	加藤・松野
26	EUの知識	藤井良広
30	不動産評価の知識	武田公夫
32	不動産用語辞典	日本不動産研究所
33	介護保険のしくみ	牛越博文
34	保険の知識	真屋尚生
35	クレジットカードの知識	水上宏明
36	環境経済入門	三橋規宏
40	損害保険の知識	玉村勝彦
43	証券投資理論入門	大村・俊野
44	証券化の知識	大橋和彦
45	入門・貿易実務	椿弘次
47	デフレとインフレ	内田真人
48	わかりやすい企業年金	久保知行
49	通貨を読む	滝田洋一
51	日本の年金	藤本健太郎
52	石油を読む	藤和彦
53	株式市場を読み解く	前田昌孝
54	商品取引入門	日本経済新聞社
55	日本の銀行	笹島勝人
56	デイトレード入門	廣重勝彦
57	有望株の選び方	鈴木一之
58	中国を知る	遊川和郎
59	株に強くなる 投資指標の読み方	日経マネー
60	信託の仕組み	井上聡
61	電子マネーがわかる	岡田仁志
62	株式先物入門	廣重勝彦
63	排出量取引入門	三菱総合研究所
64	FX取引入門	廣重・平田
65	資源を読む	柴田明夫・丸紅経済研究所
66	PPPの知識	町田裕彦
67	エネルギーを読む	芥田知至
68	アメリカを知る	実哲也
69	食料を読む	鈴木・木下
70	ETF投資入門	カン・チュンド
71	レアメタル・レアアースがわかる	西脇文男
72	再生可能エネルギーがわかる	西脇文男

〈B〉 経営

9	経営計画の立て方	神谷・森田
11	設備投資計画の立て方	久保田政純
13	研究開発マネジメント入門	今野浩一郎
18	ジャスト・イン・タイム生産の実際	平野裕之
23	コストダウンのためのIE入門	岩坪友義
25	在庫管理の実際	平野裕之
28	リース取引の実際	森住祐治
32	人事マン入門	桐村晋次
33	人事管理入門	今野浩一郎
36	賃金決定の手引	笹島芳雄
38	人材育成の進め方	桐村晋次
41	目標管理の手引	金津健治
42	OJTの実際	寺澤弘忠
49	セールス・トーク入門	笠巻勝利
51	ISO9000の知識	中條武志
56	キャッシュフロー経営入門	中沢・池田
58	M&A入門	北地・北爪
61	サプライチェーン経営入門	藤野直明
63	クレーム対応の実際	中森・竹内
64	アウトソーシングの知識	妹尾雅夫
66	人事アセスメント入門	二村英幸
68	人事・労務用語辞典	花見忠・日本労働研究機構
70	製品開発の知識	延岡健太郎
71	コンピテンシー活用の実際	相原孝夫
73	ISO14000入門	吉澤正

日経文庫案内 (2)

74	コンプライアンスの知識 髙 巌		108	スマートグリッドがわかる 本 橋 恵 一
75	持株会社経営の実際 武 藤 泰 明			〈C〉 会計・税務
76	人材マネジメント入門 守 島 基 博		1	財務諸表の見方 日本経済新聞社
77	チームマネジメント 古 川 久 敬		2	初級簿記の知識 山 浦・大 倉
78	日本の経営 森 一 夫		4	会計学入門 桜 井 久 勝
79	IR戦略の実際 日本IR協議会		12	経営分析の知識 岩 本 繁
80	パート・契約・派遣・請負の人材活用 佐 藤 博 樹		13	Q＆A経営分析の実際 川 口 勉
81	知財マネジメント入門 米 山・渡 部		18	月次決算の進め方 金 児 昭
82	CSR入門 岡 本 享 二		21	資金繰りの手ほどき 細 野 康 弘
83	成功するビジネスプラン 伊 藤 良 二		23	原価計算の知識 加 登・山 本
84	企業経営入門 遠 藤 功		37	入門・英文会計(上) 小 島 義 輝
85	はじめてのプロジェクトマネジメント 近 藤 哲 生		38	入門・英文会計(下) 小 島 義 輝
86	人事考課の実際 金 津 健 治		41	管理会計入門 加 登 豊
87	TQM品質管理入門 山 田 秀		46	コストマネジメント入門 伊 藤 嘉 博
88	品質管理のための統計手法 永 田 靖		48	時価・減損会計の知識 中 島 康 晴
89	品質管理のためのカイゼン入門 山 田 秀		49	Q＆Aリースの会計・税務 井 上 雅 彦
90	営業戦略の実際 北 村 尚 夫		50	会社経理入門 佐 藤 裕 一
91	職務・役割主義の人事 長谷川 直 紀		51	企業結合会計の知識 関 根 愛 子
92	バランス・スコアカードの知識 吉 川 武 男		52	退職給付会計の知識 泉 本 小夜子
93	経営用語辞典 武 藤 泰 明		53	会計用語辞典 片 山・井 上
94	技術マネジメント入門 三 澤 一 文		54	内部統制の知識 町 田 祥 弘
95	メンタルヘルス入門 島 悟		55	予算管理の進め方 知 野・日 高
96	会社合併の進め方 玉 井 裕 子		56	減価償却がわかる 都・手 塚
97	購買・調達の実際 上 原 修			〈D〉 法律・法務
98	中小企業のための 事業継承の進め方 松 木 謙一郎		2	会社法務入門 堀・淵 邊
99	提案営業の進め方 松 丘 啓 司		3	部下をもつ人のための 人事・労務の法律 安 西 愈
100	EDIの知識 流通システム開発センター		4	人事の法律常識 安 西 愈
101	タグチメソッド入門 立 林 和 夫		6	取締役の法律知識 中 島 茂
102	公益法人の基礎知識 熊 谷 則 一		11	担保・保証の実務 岩 城 謙 二
103	環境経営入門 足 達 英一郎		12	不動産の法律知識 鎌 野 邦 樹
104	職場のワーク・ライフ・バランス 佐 藤・武 石		13	Q＆Aリースの法律 伊 藤・川 畑
105	企業審査入門 久保田 政 純		14	独占禁止法入門 厚 谷 襄 児
106	ブルー・オーシャン戦略を読む 安 部 義 彦		15	知的財産権の知識 寒河江 孝 允
107	パワーハラスメント 岡 田・稲 尾		18	就業規則の知識 外 井 浩 志
			19	Q＆A PLの実際 三 井・相 澤
			20	リスクマネジメントの法律知識 長谷川 俊 明
			21	総務の法律知識 中 島 茂
			22	環境法入門 畠山・大塚・北村

日経文庫案内 (3)

24	株主総会の進め方	中島　茂
25	Q&A「社員の問題行動」対応の法律知識	山田　秀雄
26	個人情報保護法の知識	岡村　久道
27	倒産法入門	田頭　章一
28	銀行の法律知識	階・渡邊
29	債権回収の進め方	池辺　吉博
30	金融商品取引法入門	黒沼　悦郎
31	会社法の仕組み	近藤　光男
32	信託法入門	道垣内　弘人
33	労働契約法入門	山川　隆一
34	労働契約の実務	浅井　隆
35	不動産登記法入門	山野目　章夫
36	保険法入門	竹濱　修

〈E〉 流通・マーケティング

5	物流の知識	宮下・中田
6	ロジスティクス入門	中田　信哉
13	マーケティング戦略の実際	水口　健次
16	ブランド戦略の実際	小川　孔輔
17	マーケティング・リサーチ入門	近藤　光雄
20	エリア・マーケティングの実際	米田　清紀
23	マーチャンダイジングの知識	田島　義博
32	マーケティングの知識	田村　正紀
33	商品開発の実際	高谷　和夫
34	セールス・プロモーションの実際	渡辺・守口
35	マーケティング活動の進め方	木村　達也
36	売場づくりの知識	鈴木　哲男
38	チェーンストアの知識	鈴木　豊
39	コンビニエンスストアの知識	木下　安司
40	CRMの実際	古林　宏
41	マーケティング・リサーチの実際	近藤・小田
42	接客販売入門	北山　節子
43	フランチャイズ・ビジネスの実際	内川　昭比古
44	競合店対策の実際	鈴木　哲男
45	インターネット・マーケティング入門	木村　達也
46	マーケティング用語辞典	和田・日本マーケティング協会
47	ヒットを読む	品田　英雄
48	小売店長の常識	木下・竹山
49	ロジスティクス用語辞典	日通総合研究所
50	サービス・マーケティング入門	山本　昭二
51	顧客満足［CS］の知識	小野　譲司
52	消費者行動の知識	青木　幸弘

〈F〉 経済学・経営学入門

1	経済学入門(上)	篠原　三代平
2	経済学入門(下)	篠原　三代平
3	ミクロ経済学入門	奥野　正寛
4	マクロ経済学入門	中谷　巌
7	財政学入門	入谷　純
8	国際経済学入門	浦田　秀次郎
10	マネーの経済学	日本経済新聞社
15	経済思想	八木　紀一郎
16	コーポレート・ファイナンス入門	砂川　伸幸
22	経営管理	野中　郁次郎
23	経営戦略	奥村　昭博
25	現代企業入門	土屋　守章
28	労働経済学入門	大竹　文雄
29	ベンチャー企業	松田　修一
30	経営組織	金井　壽宏
31	ゲーム理論入門	武藤　滋夫
32	国際金融入門	小川　英治
33	経営学入門(上)	榊原　清則
34	経営学入門(下)	榊原　清則
35	金融工学	木島　正明
36	経営史	安部　悦生
37	経済史入門	川勝　平太
38	はじめての経済学(上)	伊藤　元重
39	はじめての経済学(下)	伊藤　元重
40	組織デザイン	沼上　幹
51	マーケティング	恩蔵　直人
52	リーダーシップ入門	金井　壽宏
53	経済数学入門	佐々木　宏夫
54	経済学用語辞典	佐和　隆光
55	ポーターを読む	西谷　洋介
56	コトラーを読む	酒井　光雄
57	人口経済学	加藤　久和
58	企業の経済学	淺羽　茂
59	日本の経営者	日本経済新聞社
60	日本の雇用と労働法	濱口　桂一郎

日経文庫案内 (4)

〈G〉 情報・コンピュータ
10 英文電子メールの書き方　ジェームス・ラロン
14 データベース入門　中村史朗

〈H〉 実用外国語
5 ビジネス法律英語辞典　阿部・長谷川
16 スピーチ英語の手ほどき　亀田尚己
17 はじめてのビジネス英会話　セイン/森田
18 プレゼンテーションの英語表現　セイン/スプーン
19 ミーティングの英語表現　セイン/スプーン
20 英文契約書の書き方　山本孝夫
21 英文契約書の読み方　山本孝夫
22 ネゴシエーションの英語表現　セイン/スプーン
23 チームリーダーの英語表現　デイビッド・セイン

〈I〉 ビジネス・ノウハウ
1 企画の立て方　星野匡
2 会議の進め方　高橋誠
3 報告書の書き方　安田賀計
5 ビジネス文書の書き方　安田賀計
8 ビジネスマナー入門　梅島・土舘
9 発想法入門　星野匡
12 交渉力入門　佐久間賢
14 意思決定入門　中島一
16 ビジネスパーソンのための書き方入門　野村正樹
18 ビジネスパーソンのための話し方入門　野村正樹
19 モチベーション入門　田尾雅夫
21 レポート・小論文の書き方　江川純
22 問題解決手法の知識　高橋誠
23 アンケート調査の進め方　酒井隆
24 ビジネス数学入門　芳沢光雄
25 ネーミング発想法　横井恵子
26 調査・リサーチ活動の進め方　酒井隆
28 ロジカル・シンキング入門　茂木秀昭
29 ファシリテーション入門　堀公俊
30 システム・シンキング入門　西村行功
31 メンタリング入門　渡辺・平田
32 コーチング入門　本間・松瀬
33 キャリアデザイン入門[I]　大久保幸夫
34 キャリアデザイン入門[II]　大久保幸夫
35 セルフ・コーチング入門　本間・松瀬
36 五感で磨くコミュニケーション　平本相武
37 EQ入門　高山直
38 時間管理術　佐藤知一
39 情報探索術　関口和一
40 ファイリング&整理術　矢次信一郎
41 ストレスマネジメント入門　島・佐藤
42 グループ・コーチング入門　本間正人
43 プレゼンに勝つ図解の技術　飯田英明
44 ワークショップ入門　堀公俊
45 考えをまとめる・伝える図解の技術　奥村隆一
46 買ってもらえる広告・販促物のつくり方　平城圭司
47 プレゼンテーションの技術　山本御稔
48 ビジネス・ディベート　茂木秀昭

ベーシック版
マーケティング入門　相原修
金融入門　日本経済新聞社
財務諸表入門　佐々木秀一
手形入門　秦光昭
不動産入門　日本不動産研究所
日本経済入門　岡部直明
貿易入門　久保広正
経営入門　髙村寿一
会社法入門　宍戸善一
アメリカ経済　みずほ総合研究所
環境問題入門　小林・青木
医療問題　池上直己
流通のしくみ　井本省吾
株式投資　日本経済新聞社

武内　浩二（たけうち・こうじ）
1993年　北海道大学法学部卒業
同　年　㈱日本興業銀行入行，同市場投資調査部，調査部を経て
現　在　みずほ総合研究所㈱調査本部市場調査部シニアエコノミスト
主な著書に『サブプライム金融危機』『ソブリン・クライシス』（いずれも共著，日本経済新聞出版社），『迷走するグローバルマネーとSWF』（共著，東洋経済新報社）などがある

日経文庫1259

債券取引の知識

1996年1月12日　1版1刷
2012年3月15日　3版1刷

編著者　武内　浩二
発行者　斎田　久夫
発行所　日本経済新聞出版社
　　　　http://www.nikkeibook.com/
　　　　東京都千代田区大手町1-3-7　郵便番号100-8066
　　　　電話（03）3270-0251（代）

印刷　東光整版印刷・製本　大進堂
© Mizuho Research Institute Ltd., 2012
ISBN 978-4-532-11259-2

本書の無断複写複製（コピー）は，特定の場合を除き，著作者・出版社の権利侵害になります。

Printed in Japan